쑥쑥팡팡

엔트리 2급

코딩활용능력

씨엔씨에듀 OEUN LIFE SCIENCE

쑥쑥팡팡 코딩활용능력 2급(엔트리)

초판 1쇄 발행 2025년 3월 15일

지 은 이 오은라이프사이언스 R&D팀

발 행 인 유정환

제작총괄 신효순

기획편집 오은라이프사이언스 R&D팀

마 케 팅 신효순

발 행 처 오은라이프사이언스㈜

등   록 2021년 9월 23일(제 2022-000340호)

주   소 서울시 강남구 선릉로 660, 207호(삼성동, 브라운스톤레전드)

전   화 (070)4354-0203

ISBN   979-11-92255-47-7 13000

이 책의 목차

이 책의 구성과 특징

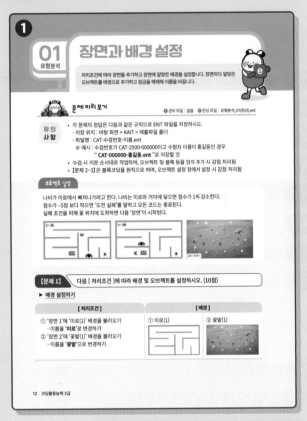

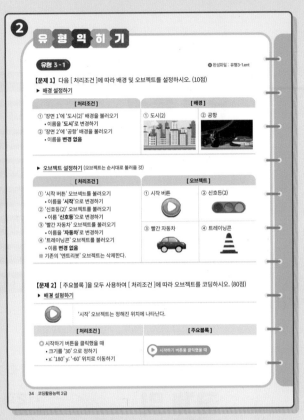

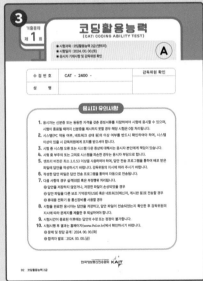

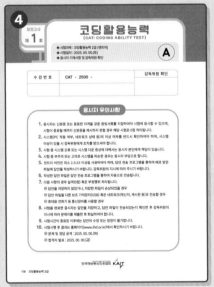

❶ 유형분석

문제 유형, 난이도, 주제별 출제 경향을 파악하여 이를 바탕으로 학습 자료를 출제 경향에 맞게 구성하였습니다. 이를 통해 학생들이 효과적으로 대비할 수 있도록 돕습니다.

❷ 유형익히기

각 유형에 맞는 문제를 제공하여 자주 접하게 될 문제 유형을 반복적으로 연습할 수 있도록 하였습니다.

❸ 기출문제

실제 출제된 기출문제를 통해 실제 시험과 유사한 문제를 접하고, 시험 준비를 체계적으로 할 수 있도록 하였습니다.

❹ 모의고사

기출문제를 기반으로 제작된 모의고사를 활용하여 다양한 유형을 실전처럼 연습할 수 있도록 하였습니다.

코딩활용능력(CAT / Coding Ability Test)

- 프로그램 언어에 대한 이해도, 사용능력 등 코딩 활용능력을 평가하는 자격으로, 프로그램 기반 논리적 사고력, 과학적 창의력을 평가
- 2급, 3급 시험은 블록코딩 프로그램을 사용하여 기본적인 코딩능력 및 처리조건에 맞는 구현이 가능한지에 대한 활용능력을 평가
- 1급 시험은 텍스트 코딩으로 진입하기 위한 프로그램 언어의 기본 문법, 데이터 처리 등 기초 교육과정에 맞춰 능력을 평가

필요성

- 텍스트 코딩 및 블록코딩 프로그램 기본지식 배양
- 텍스트 코딩 언어에 대한 이해를 바탕으로 기본적인 코딩 능력 향상
- 블록코딩 툴을 활용하여 처리 조건에 맞게 구현하는 코딩 능력 향상

자격 종류

- 자격구분 : 민간등록자격
- 등록번호 : 2024-001939

시험 과목

등급	검정과목	검정방법	문항 수	시험시간	배점	합격기준	시험프로그램
1급	- 기본 문법 - 데이터 처리 - 함수 및 모듈	객관식	20문항	40분	100점	60점 이상	Python
2급	- 객체 설정하기 - 객체 코딩하기 - 자료 다루기	실기 (작업식)	3문항	40분	100점	60점 이상	엔트리
3급	- 객체 설정하기 - 객체 코딩하기	실기 (작업식)	2문항	40분	100점	60점 이상	엔트리

※ 시험출제 엔트리 버전 2.0.53이상

응시자격

• 학력, 연령, 경력 제한 없음

시험준비물

주민등록증	운전면허증(국내)	여권(유효기간 내)
공무원증	청소년증	장애인등록증(복지카드)

한국정보통신진흥협회(KAIT) 국가공인자격증 및 국가기술자격증 등

필기도구

필기도구	비고
검정색 볼펜	시험문제지에 이름/수험번호 기재 시 사용

수험표

- 시험접수 → 수험표 출력 메뉴에서 수험표를 출력할 수 있습니다.
- 수험표를 출력하기 위해서는 응시자 본인 여부를 명확히 판단할 수 있는 증명사진이 등록되어야 합니다.
- 수험표는 시험실 및 수험번호 확인을 위해 출력 및 지참하실 것을 권장합니다.

등급: 2급

과목	검정 항목	검정 내용	비고
객체 설정하기	객체	<3급 검정 내용과 동일>	
	장면	장면 추가하기, 장면 코딩하기	
객체 코딩하기	시작	<3급 검정 내용 포함> 대상 없음 ▼ 신호를 받았을 때 장면이 시작되었을 때 대상 없음 ▼ 신호 보내기 대상 없음 ▼ 신호 보내고 기다리기 장면 1 ▼ 시작하기 다음 ▼ 장면 시작하기	
	흐름	<3급 검정 내용 포함> 복제본이 처음 생성되었을때 자신 ▼ 의 복제본 만들기 △ 모든 복제본 삭제하기 △ 이 복제본 삭제하기 △	
	판단	<3급 검정 내용 포함> 10 (이)가 숫자 ▼ 인가? 참 그리고 ▼ 참 참 또는 ▼ 거짓 참 (이)가 아니다	
	움직임	<3급 검정 내용과 동일>	
	생김새	<3급 검정 내용과 동일>	
	계산	<3급 검정 내용 포함> 마우스 x ▼ 좌표 10 / 10 의 몫 ▼ 10 의 제곱 ▼ 초시계 값 초시계 시작하기 ▼ 초시계 숨기기 ▼ 엔트리봇 ▼ 까지의 거리 안녕! 과(와) 엔트리 을(를) 합친 값	
자료 다루기	변수	안녕! 을(를) 묻고 대답 기다리기 대답 숨기기 ▼ 대답 변수 ▼ 값 변수 ▼ 에 10 만큼 더하기 변수 ▼ 를 10 (으)로 정하기 변수 변수 ▼ 보이기 변수 변수 ▼ 숨기기	변수 관련 전체 블록
	리스트	10 항목을 리스트 ▼ 에 추가하기 1 번째 항목을 리스트 ▼ 에서 삭제하기 10 을(를) 리스트 ▼ 의 1 번째에 넣기 리스트 ▼ 1 번째 항목을 10 (으)로 바꾸기 리스트 ▼ 항목 수 리스트 ▼ 의 1 번째 항목 리스트 ▼ 에 10 이 포함되어 있는가? 리스트 리스트 ▼ 보이기 리스트 리스트 ▼ 숨기기	리스트 관련 전체 블록

등급: 3급

과목	검정 항목	검정 내용	비고
객체 설정하기	객체	객체 추가/삭제하기, 객체 이름 바꾸기	
	시작	시작하기 버튼을 클릭했을 때 / q▼ 키를 눌렀을 때 / 마우스를 클릭했을 때 / 마우스 클릭을 해제했을 때 / 오브젝트를 클릭했을 때 / 오브젝트 클릭을 해제했을 때	신호/장면 관련 블록은 2급에 해당
객체 코딩하기	흐름	만일 참 (이)라면 / 아니면 / 참 이(가) 될 때까지 기다리기 / 계속 반복하기 / 참 이 될 때까지▼ 반복하기 / 모든▼ 코드 멈추기 / 만일 참 (이)라면 / 10 번 반복하기 / 처음부터 다시 실행하기 / 반복 중단하기 / 2 초 기다리기	복제본 관련 블록은 2급에 해당
	움직임	2 초 동안 x: 10 y: 10 위치로 이동하기 / 2 초 동안 엔트리봇▼ 위치로 이동하기 / 2 초 동안 x: 10 y: 10 만큼 움직이기 / 2 초 동안 방향을 90° 만큼 회전하기 / 엔트리봇▼ 위치로 이동하기 / 이동 방향으로 10 만큼 움직이기 / x 좌표를 10 만큼 바꾸기 / y 좌표를 10 만큼 바꾸기 / 엔트리봇▼ 쪽 바라보기 / x: 10 위치로 이동하기 / y: 10 위치로 이동하기 / x: 0 y: 0 위치로 이동하기 / 방향을 90° 만큼 회전하기 / 이동 방향을 90° 만큼 회전하기 / 화면 끝에 닿으면 튕기기 / 2 초 동안 이동 방향 90° 만큼 회전하기 / 방향을 90° (으)로 정하기 / 이동 방향을 90° (으)로 정하기 / 90° 방향으로 10 만큼 움직이기	움직임 카테고리의 전체 블록
	생김새	모양 보이기 / 모양 숨기기 / 안녕! 을(를) 4 초 동안 말하기▼ / 안녕! 을(를) 말하기▼ / 말하기 지우기 / 엔트리봇_걷기1▼ 모양으로 바꾸기 / 다음▼ 모양으로 바꾸기 / 색깔▼ 효과를 10 만큼 주기 / 맨 앞으로▼ 보내기 / 색깔▼ 효과를 100 (으)로 정하기 / 효과 모두 지우기 / 크기를 10 만큼 바꾸기 / 크기를 100 (으)로 정하기 / 상하 모양 뒤집기 / 좌우 모양 뒤집기	생김새 카테고리의 전체 블록
	판단	마우스를 클릭했는가? / q▼ 키가 눌러져 있는가? / 마우스포인터▼ 에 닿았는가? / 오브젝트를 클릭했는가? / 10 = 10 / 10 != 10 / 10 > 10 / 10 < 10 / 10 ≥ 10 / 10 ≤ 10	
	계산	10 + 10 / 10 - 10 / 10 x 10 / 10 / 10 / 현재 연도▼ / 0 부터 10 사이의 무작위 수 / 엔트리봇▼ 의 x 좌푯값▼	

※ 시험프로그램 : 엔트리
※ 모든 객체(오브젝트)는 엔트리 온라인 버전에서 제공되는 것만 선택하여 사용함

CHAPTER

유형분석

유형분석 OO

유의사항과 프로젝트 저장

유의사항에는 프로젝트를 저장하는 경로와 파일 이름을 알려줍니다. 제시된 저장 경로와 파일 이름에 맞춰 저장합니다.

 문제 미리 보기

> **유의사항**
>
> • 각 문제의 정답은 다음과 같은 규칙으로 ENT 파일을 저장하시오.
>   - 저장 위치 : 바탕 화면 > KAIT > 제출파일 폴더
>   - 파일명 : CAT-수검번호-이름.ent
>   ※ 예시 : 수검번호가 CAT-2500-000000이고 수험자 이름이 홍길동인 경우
>   " **CAT-000000-홍길동.ent** "로 저장할 것
> • 수검 시 **지문 순서대로 작업**하며, 오브젝트 및 블록 등을 임의 추가 시 감점 처리됨
> •【문제 2~3】은 블록코딩을 원칙으로 하며, 오브젝트 설정 창에서 설정 시 감점 처리됨

---

1 엔트리 실행과 프로젝트 저장

1 엔트리를 실행한 다음 [기본형]을 선택합니다. 엔트리가 실행되면 [파일] 메뉴의 [저장하기]를 클릭합니다.

 엔트리 버전 확인

코딩활용능력에서는 최소 2.0.53 이상의 엔트리 버전을 사용합니다. 엔트리를 실행했을 때, 제목표시줄의 엔트리 버전이 2.0.53보다 낮다면 인터넷에서 엔트리(playentry.org)에 접속해 작업을 진행하거나, 감독관에게 문의합니다.

2 [다른 이름으로 저장] 창이 나타나면 [바탕 화면]을 클릭한 다음 [KAIT] 폴더의 [제출파일] 폴더를 차례대로 선택합니다. 파일 이름에 'CAT-수검번호-이름'을 입력하고 [저장]을 클릭합니다.

 파일 저장 경로와 파일 이름 지정

수검번호가 CAT-2512-000000이고 수험자 이름이 '홍길동'이라면 'CAT-000000-홍길동'을 입력해 저장합니다.

3 내 컴퓨터나 탐색기를 실행해 파일이 저장되었는지 확인합니다.

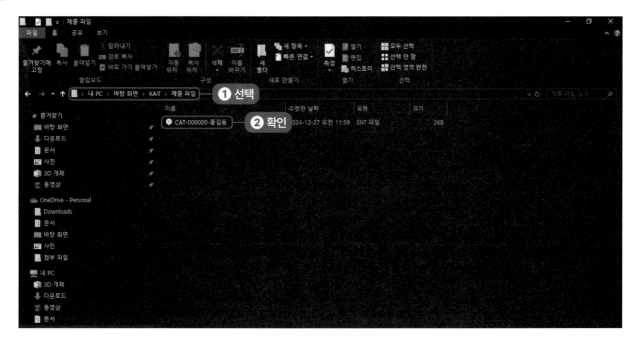

장면과 배경 설정

처리조건에 따라 장면을 추가하고 장면에 알맞은 배경을 설정합니다. 장면마다 알맞은 오브젝트를 배경으로 추가하고 잠금을 해제해 이름을 바꿉니다.

문제 미리 보기

◉ 준비 파일 : 없음   ◉ 완성 파일 : 유형분석_01(완성).ent

유의사항

- 각 문제의 정답은 다음과 같은 규칙으로 ENT 파일을 저장하시오.
  - 저장 위치 : 바탕 화면 > KAIT > 제출파일 폴더
  - 파일명 : CAT-수검번호-이름.ent
    ※ 예시 : 수검번호가 CAT-2500-000000이고 수험자 이름이 홍길동인 경우
    " **CAT-000000-홍길동.ent** "로 저장할 것
- 수검 시 **지문 순서대로 작업**하며, 오브젝트 및 블록 등을 임의 추가 시 감점 처리됨
- 【문제 2~3】은 블록코딩을 원칙으로 하며, 오브젝트 설정 창에서 설정 시 감점 처리됨

프로젝트 설명

나비가 미로에서 빠져나가려고 한다. 나비는 미로와 거미에 닿으면 점수가 1씩 감소한다.
점수가 –5점 보다 작으면 '도전 실패'를 말하고 모든 코드는 종료된다.
실패 조건을 피해 꽃 위치에 도착하면 다음 '장면'이 시작된다.

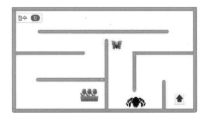 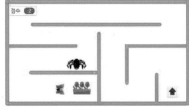 

【문제 1】 다음 [처리조건]에 따라 배경 및 오브젝트를 설정하시오. (10점)

▶ 배경 설정하기

[처리조건]	[배경]	

① '장면 1'에 '미로(1)' 배경을 불러오기
  - 이름을 **미로**로 변경하기
② '장면 2'에 '꽃밭(1)' 배경을 불러오기
  - 이름을 **꽃밭**으로 변경하기
	① 미로(1)	② 꽃밭(1)

1 장면에 배경을 추가하기 위해 [오브젝트 추가하기(+)]를 클릭합니다.

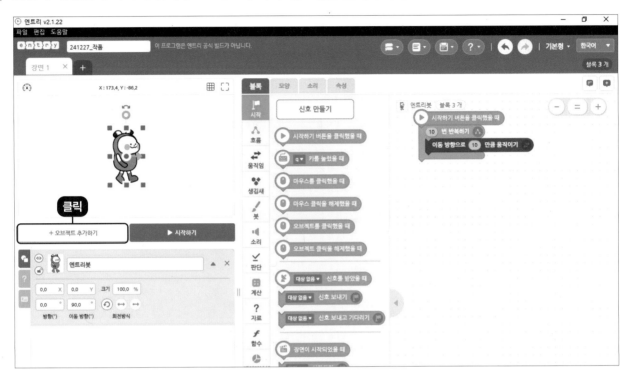

2 [오브젝트 추가하기] 창이 나타나면 문제에 제시된 이름('미로(1)')을 입력해 검색합니다. 검색된 오브젝트에서 추가할 오브젝트를 선택한 다음 [추가하기]를 클릭합니다.

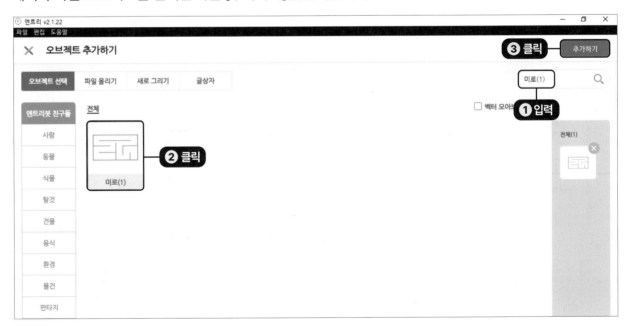

엔트리 온라인 버전의 검색

엔트리 온라인 버전에서 '미로(1)'로 검색되지 않는다면, '미로'를 입력해 검색합니다.

3 추가한 배경 오브젝트의 이름을 바꾸기 위해 오브젝트 영역에서 [잠금(🔒)] 아이콘을 클릭해 [잠금 해제 (🔓)]로 바꿉니다. 문제에 제시된 오브젝트의 이름('미로')을 입력한 후 ENTER 를 눌러 오브젝트 이름을 바꿉니다.

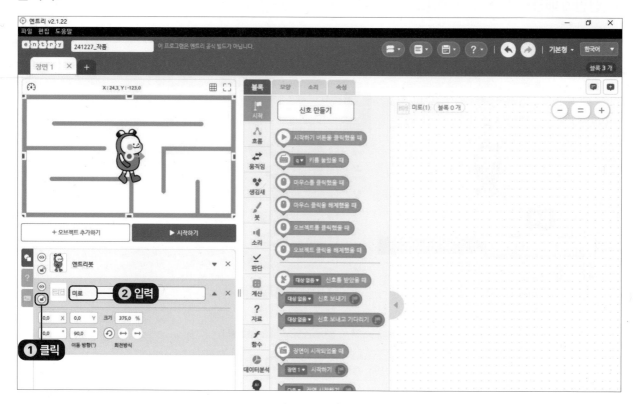

5 오브젝트의 위치나 이름이 바뀌지 않도록 오브젝트 영역에서 [잠금 해제(🔓)] 아이콘을 클릭해 [잠금 (🔒)]으로 바꿉니다.

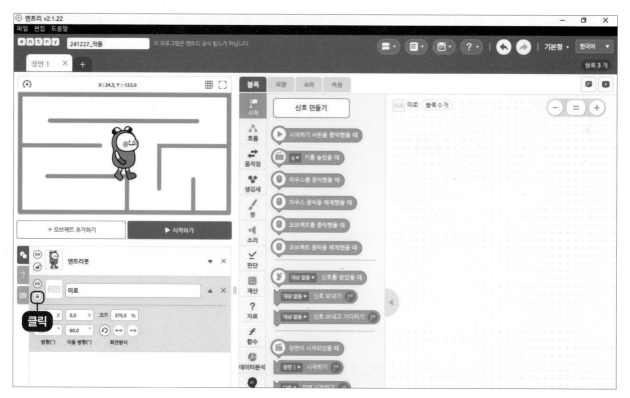

1 새로운 장면을 추가하기 위해 실행 영역에서 [장면 추가하기(**+**)]를 클릭합니다. 새로운 장면이 추가되면 장면에 배경을 추가하기 위해 [오브젝트 추가하기(**+**)]를 클릭합니다.

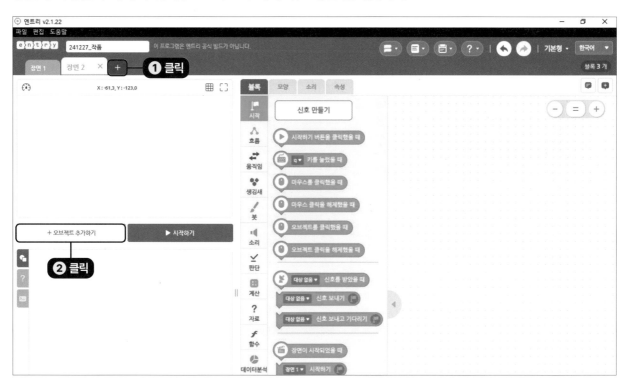

2 [오브젝트 추가하기] 창이 나타나면 문제에 제시된 이름('꽃밭(1)')을 입력해 검색합니다. 검색된 오브젝트에서 추가할 오브젝트를 선택한 다음 [추가하기]를 클릭합니다.

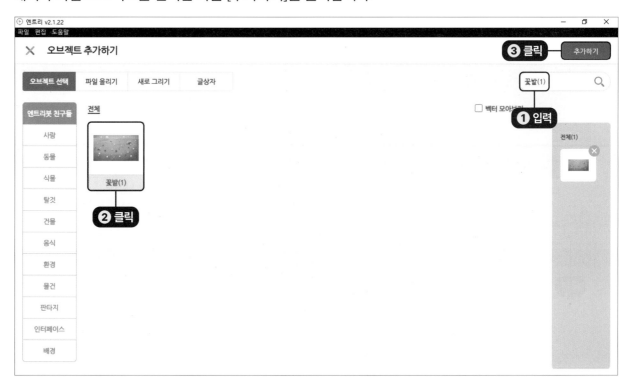

3 오브젝트 영역에서 [잠금(🔒)] 아이콘을 클릭해 [잠금 해제(🔓)]로 바꿉니다. 오브젝트의 이름을 입력한 다음 `ENTER`를 눌러 오브젝트 이름을 바꿉니다.

4 오브젝트의 위치나 이름이 바뀌지 않도록 오브젝트 영역에서 [잠금 해제(🔓)]를 클릭해 [잠금(🔒)]으로 바꿉니다.

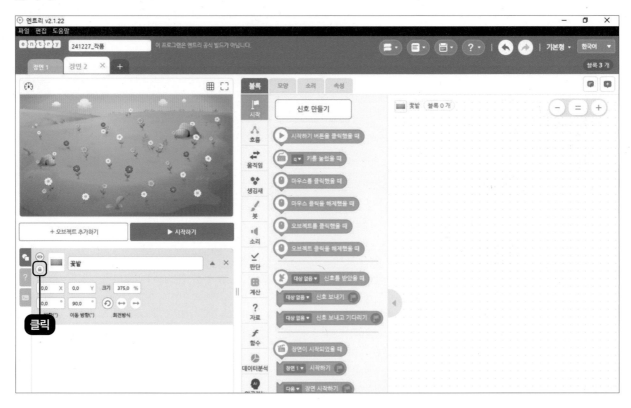

유 형 익 히 기

유형 1-1 다음 [처리조건]에 따라 배경 및 오브젝트를 설정하시오. (10점)

▶ 배경 설정하기

● 완성파일 : 유형1-1.ent

[처리조건]	[배경]	
① '장면 1'에 '우주(1)' 배경을 불러오기 - 이름을 '**우주**'로 변경하기 ② '장면 2'에 '버섯 나라' 배경을 불러오기 - 이름 **변경 없음**	① 우주(1) 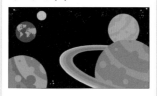	② 버섯 나라 

유형 1-2 다음 [처리조건]에 따라 배경 및 오브젝트를 설정하시오. (10점)

▶ 배경 설정하기

● 완성파일 : 유형1-2.ent

[처리조건]	[배경]	
① '장면 1'에 '놀이터' 배경을 불러오기 - 이름 **변경 없음** ② '장면 2'에 '머리 긴 공주 성' 배경을 불러오기 - 이름을 '**공주의 성**'으로 변경하기	① 놀이터 	② 머리 긴 공주 성 

유형 1-3 다음 [처리조건]에 따라 배경 및 오브젝트를 설정하시오. (10점)

▶ 배경 설정하기

● 완성파일 : 유형1-3.ent

[처리조건]	[배경]	
① '장면 1'에 '건청궁과 향원정' 배경을 불러오기 - 이름을 '**궁궐**'로 변경하기 ② '장면 2'에 '별이 빛나는 숲' 배경을 불러오기 - 이름을 '**숲**'으로 변경하기	① 건청궁과 향원정 	② 별이 빛나는 숲 

유형 1-4 다음 [처리조건]에 따라 배경 및 오브젝트를 설정하시오. (10점)

▶ 배경 설정하기

● 완성파일 : 유형1-4ent

[처리조건]	[배경]
① '장면 1'에 '무인도' 배경을 불러오기 - 이름을 '**섬**'으로 변경하기 ② '장면 2'에 '바다' 배경을 불러오기 - 이름을 '**동해**'로 변경하기	① 무인도  ② 바다 

유형 1-5 다음 [처리조건]에 따라 배경 및 오브젝트를 설정하시오. (10점)

▶ 배경 설정하기

● 완성파일 : 유형1-5.ent

[처리조건]	[배경]
① '장면 1'에 '숲속(2)' 배경을 불러오기 - 이름을 '**숲속**'으로 변경하기 ② '장면 2'에 '운동장' 배경을 불러오기 - 이름을 '**놀이터**'로 변경하기	① 숲속(2)  ② 운동장 

유형 1-6 다음 [처리조건]에 따라 배경 및 오브젝트를 설정하시오. (10점)

▶ 배경 설정하기

● 완성파일 : 유형1-6.ent

[처리조건]	[배경]
① '장면 1'에 '구름 세상' 배경을 불러오기 - 이름을 '**하늘**'로 변경하기 ② '장면 2'에 '길거리' 배경을 불러오기 - 이름을 '**거리**'로 변경하기	① 구름 세상  ② 길거리 

유형 1-7 다음 [처리조건]에 따라 배경 및 오브젝트를 설정하시오. (10점)

▶ 배경 설정하기

● 완성파일 : 유형1-7.ent

[처리조건]	[배경]	
① '장면 1'에 '운동장' 배경을 불러오기 　- 이름을 **'축구장'**으로 변경하기 ② '장면 2'에 '교실놀이' 배경을 불러오기 　- 이름을 **'교실'**로 변경하기	② 운동장 	② 교실놀이 

유형 1-8 다음 [처리조건]에 따라 배경 및 오브젝트를 설정하시오. (10점)

▶ 배경 설정하기

● 완성파일 : 유형1-8.ent

[처리조건]	[배경]	
① '장면 1'에 '단색 배경' 배경을 불러오기 　- 이름을 **'초록'**으로 변경하기 ② '장면 2'에 '물' 배경을 불러오기 　- 이름을 **'파랑'**으로 변경하기	① 단색 배경 	① 물

유형 1-9 다음 [처리조건]에 따라 배경 및 오브젝트를 설정하시오. (10점)

▶ 배경 설정하기

● 완성파일 : 유형1-9.ent

[처리조건]	[배경]	
① '장면 1'에 '[묶음] 무인도' 배경을 불러오기 　- 이름을 **'무인도'**로 변경하기 ② '장면 2'에 '별 헤는 밤' 배경을 불러오기 　- 이름을 **'밤'**으로 변경하기	① [묶음] 무인도 	② 별 헤는 밤 

02
유형분석
오브젝트 설정

처리조건에 맞는 오브젝트를 추가한 후 오브젝트의 이름을 변경하고 기존의 '엔트리 봇' 오브젝트는 삭제합니다. 오브젝트를 추가할 때는 순서대로 불러옵니다.

 문제 미리 보기

● 준비 파일 : 유형분석_02(준비).ent   ● 완성 파일 : 유형분석_02(완성).ent

프로젝트 설명

나비가 미로에서 빠져나가려고 한다. 나비는 미로와 거미에 닿으면 점수가 1씩 감소한다.
점수가 –5점 보다 작으면 '도전 실패'를 말하고 모든 코드는 종료된다.
실패 조건을 피해 꽃 위치에 도착하면 다음 '장면'이 시작된다.

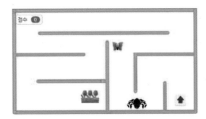 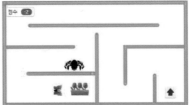 

【문제 1】 다음 [처리조건]에 따라 배경 및 오브젝트를 설정하시오. (10점)

▶ **오브젝트 설정하기** (오브젝트는 순서대로 불러올 것)

[처리조건]	[배경]	

① '위로가기 버튼' 오브젝트를 불러오기
  - 이름을 '**표지판**'으로 변경하기
② '튤립 화분' 오브젝트를 불러오기
  - 이름을 '**꽃**'으로 변경하기
③ '거미' 오브젝트를 불러오기
  - 이름 **변경 없음**
④ '나비(1)' 오브젝트를 불러오기
  - 이름을 '**나비**'로 변경하기
※ 기존의 '엔트리봇' 오브젝트는 삭제한다.
	① 위로가기 버튼	② 튤립 화분

	③ 거미 	④ 나비(1)

1 오브젝트 추가하기

1 실행 영역에서 [장면 1]을 클릭한 다음 [오브젝트 추가하기(+)]를 클릭합니다.

2 [오브젝트 추가하기] 창이 나타나면 문제에 제시된 이름('위로가기 버튼')을 입력해 검색합니다. 검색된 오브젝트에서 추가할 오브젝트를 선택합니다.

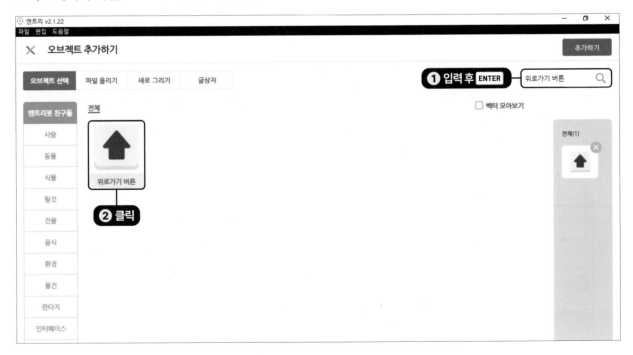

 오브젝트의 검색

오브젝트의 이름을 입력해 검색할 때는 이름 전체를 입력하지 않고 일부만 입력해 검색해도 됩니다.

3 계속해서 '튤립 화분', '거미', '나비(1)'로 검색한 다음 오브젝트를 선택합니다. 모두 선택했으면 [추가하기]를 클릭합니다.

 오브젝트 선택

오브젝트는 문제에 제시된 순서대로 선택합니다. 이렇게 하면 오브젝트 영역에 문제에 제시된 순서대로 오브젝트가 표시됩니다.

4 오브젝트 영역에서 '위로가기 버튼' 오브젝트 이름을 클릭해 '표지판'으로 바꿉니다.

5 같은 방법으로 '튤립 화분', '나비(1)' 오브젝트의 이름을 바꿉니다.

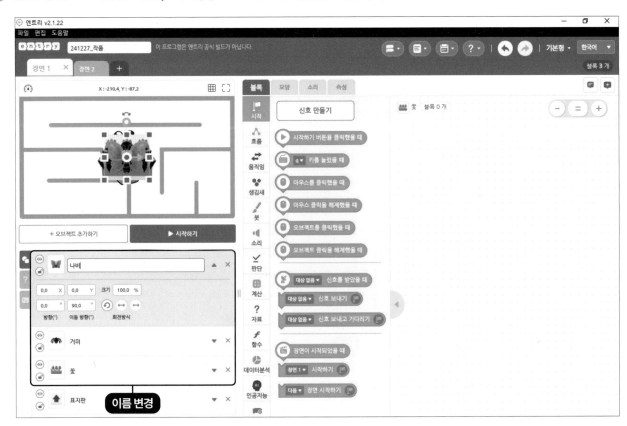

6 오브젝트 영역에서 '엔트리봇' 오브젝트를 선택한 다음 [삭제(×)]를 클릭해 엔트리봇 오브젝트를 삭제합니다.

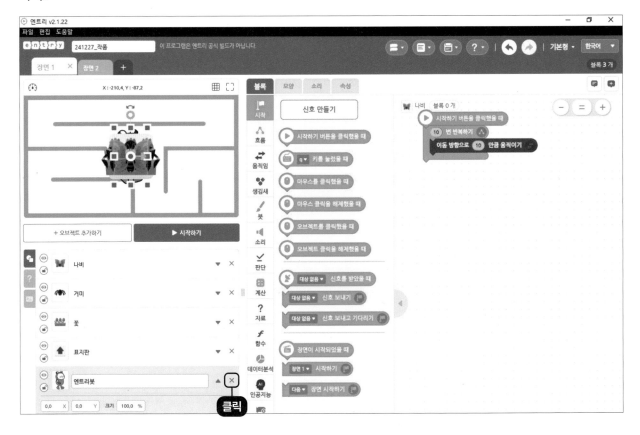

7 낮은 번호의 오브젝트가 아래에 위치하는지 오브젝트 영역에서 오브젝트 순서를 확인합니다.

 오브젝트 순서바꾸기

오브젝트 순서가 맞지 않는다면 오브젝트 영역에서 오브젝트를 드래그해 순서를 바꿉니다. 문제에 제시된 '엔트리봇' 오브젝트는 삭제합니다.

유형익히기

유형 2-1

● 완성파일 : 유형2-1.ent

> **유의사항**
> - 각 문제의 정답은 다음과 같은 규칙으로 ENT 파일을 저장하시오.
>   - 저장 위치 : 바탕 화면 > KAIT > 제출파일 폴더
>   - 파일명 : CAT-수검번호-이름.ent
>   ※ 예시 : 수검번호가 CAT-2500-000000이고 수험자 이름이 홍길동인 경우
>   " **CAT-000000-홍길동.ent** "로 저장할 것
> - 수검 시 **지문 순서대로 작업**하며, 오브젝트 및 블록 등을 임의 추가 시 감점 처리됨
> - 【문제 2~3】은 블록코딩을 원칙으로 하며, 오브젝트 설정 창에서 설정 시 감점 처리됨

【문제 1】 다음 [처리조건]에 따라 배경 및 오브젝트를 설정하시오. (10점)

▶ **배경 설정하기**

[처리조건]	[배경]	

① '장면 1'에 '뒷동산' 배경을 불러오기
  - 이름을 **'공원'**으로 변경하기
② '장면 2'에 '날씨' 배경을 불러오기
  - 이름을 **'낮'**으로 변경하기
	① 뒷동산

		② 날씨

▶ **오브젝트 설정하기** (오브젝트는 순서대로 불러올 것)

[처리조건]	[오브젝트]	

① '다람쥐' 오브젝트를 불러오기
  - 이름 **변경 없음**
② '귤' 오브젝트를 불러오기
  - 이름 **변경 없음**
③ '레몬(1)' 오브젝트를 불러오기
  - 이름을 **'레몬'**으로 변경하기
④ '사과(1)' 오브젝트를 불러오기
  - 이름을 **'사과'**로 변경하기
※ 기존의 '엔트리봇' 오브젝트는 삭제한다.
	① 다람쥐
	
	③ 레몬(1)
	
		② 귤
		
		④ 사과(1)

유형 2-2

● 완성파일 : 유형2-2.ent

유의
사항
	• 각 문제의 정답은 다음과 같은 규칙으로 ENT 파일을 저장하시오.
	  - 저장 위치 : 바탕 화면 > KAIT > 제출파일 폴더
	  - 파일명 : CAT-수검번호-이름.ent
	    ※ 예시 : 수검번호가 CAT-2500-000000이고 수험자 이름이 홍길동인 경우
	      " **CAT-000000-홍길동.ent** "로 저장할 것
	• 수검 시 **지문 순서대로 작업**하며, 오브젝트 및 블록 등을 임의 추가 시 감점 처리됨
	•【문제 2~3】은 블록코딩을 원칙으로 하며, 오브젝트 설정 창에서 설정 시 감점 처리됨

【문제 1】 다음 [처리조건]에 따라 배경 및 오브젝트를 설정하시오. (10점)

▶ <u>배경 설정하기</u>

[처리조건]	[배경]	

① '장면 1'에 '우주(2)' 배경을 불러오기
  - 이름을 '**우주**'로 변경하기
② '장면 2'에 '우주정거장' 배경을 불러오기
  - 이름을 **변경 없음**
	① 우주(2)
	
		② 우주정거장

▶ <u>오브젝트 설정하기</u> (오브젝트는 순서대로 불러올 것)

[처리조건]	[오브젝트]	

① '초고속비행기(1)' 오브젝트를 불러오기
  - 이름을 '**우주선**' 으로 변경하기
② '명왕성' 오브젝트를 불러오기
  - 이름 **변경 없음**
③ '달' 오브젝트를 불러오기
  - 이름 **변경 없음**
④ '검은 돌멩이' 오브젝트를 불러오기
  - 이름을 '**돌멩이**'로 변경하기
※ 기존의 '엔트리봇' 오브젝트는 삭제한다.
	① 초고속비행기I(1)
	
		② 명왕성

	③ 달 	④ 검은 돌멩이

● 완성파일 : 유형2-3.ent

유의사항

- 각 문제의 정답은 다음과 같은 규칙으로 ENT 파일을 저장하시오.
  - 저장 위치 : 바탕 화면 > KAIT > 제출파일 폴더
  - 파일명 : CAT-수검번호-이름.ent
  ※ 예시 : 수검번호가 CAT-2500-000000이고 수험자 이름이 홍길동인 경우
    " **CAT-000000-홍길동.ent** "로 저장할 것
- 수검 시 **지문 순서대로 작업**하며, 오브젝트 및 블록 등을 임의 추가 시 감점 처리됨
- **【문제 2~3】**은 블록코딩을 원칙으로 하며, 오브젝트 설정 창에서 설정 시 감점 처리됨

【문제 1】 다음 [처리조건]에 따라 배경 및 오브젝트를 설정하시오. (10점)

▶ <u>배경 설정하기</u>

[처리조건]	[배경]	
① '장면 1'에 '바닷속(2)' 배경을 불러오기 - 이름을 '**바다**'로 변경하기 ② '장면 2'에 '바닷속(4)' 배경을 불러오기 - 이름을 '**심해**'로 변경하기	① 바닷속(2) 	② 바닷속(4) 

▶ <u>오브젝트 설정하기</u> (오브젝트는 순서대로 불러올 것)

[처리조건]	[오브젝트]	
① '잠수부(1)' 오브젝트를 불러오기 - 이름을 '**잠수부**'로 변경하기 ② '파란 복어' 오브젝트를 불러오기 - 이름을 '**복어**'로 변경하기 ③ '주황 물고기' 오브젝트를 불러오기 - 이름을 '**물고기**'로 변경하기 ④ '아기 고래' 오브젝트를 불러오기 - 이름을 '**고래**'로 변경하기 ※ 기존의 '엔트리봇' 오브젝트는 삭제한다.	① 잠수부(1) 	② 파란 복어 
	③ 주황 물고기 	④ 아기 고래 

유형 2-4

● 완성파일 : 유형2-4.ent

유의사항

- 각 문제의 정답은 다음과 같은 규칙으로 ENT 파일을 저장하시오.
  - 저장 위치 : 바탕 화면 > KAIT > 제출파일 폴더
  - 파일명 : CAT-수검번호-이름.ent
  ※ 예시 : 수검번호가 CAT-2500-000000이고 수험자 이름이 홍길동인 경우
  " **CAT-000000-홍길동.ent** "로 저장할 것
- 수검 시 **지문 순서대로 작업**하며, 오브젝트 및 블록 등을 임의 추가 시 감점 처리됨
- 【문제 2~3】은 블록코딩을 원칙으로 하며, 오브젝트 설정 창에서 설정 시 감점 처리됨

【문제 1】 다음 [처리조건]에 따라 배경 및 오브젝트를 설정하시오. (10점)

▶ 배경 설정하기

[처리조건]	[배경]	
① '장면 1'에 '해바라기 꽃길' 배경을 불러오기 　- 이름을 '**꽃길**'로 변경하기 ② '장면 2'에 '꽃밭(1)' 배경을 불러오기 　- 이름을 '**꽃밭**' 으로 변경하기	① 해바라기 꽃길 	② 꽃밭(1)

▶ 오브젝트 설정하기 (오브젝트는 순서대로 불러올 것)

[처리조건]	[오브젝트]	
① '빨간 자동차' 오브젝트를 불러오기 　- 이름을 '**자동차**'로 변경하기 ② '위로가기 버튼' 오브젝트를 불러오기 　- 이름을 '**버튼**'으로 변경하기 ③ '트레이닝콘' 오브젝트를 불러오기 　- 이름 **변경 없음** ④ '엔트리 동전' 오브젝트를 불러오기 　- 이름을 '**동전**'으로 변경하기 ※ 기존의 '엔트리봇' 오브젝트는 삭제한다.	① 빨간 자동차 	② 위로가기 버튼
	③ 트레이닝콘 	④ 엔트리 동전

유형 2-5

● 완성파일 : 유형2-5.ent

유의사항

- 각 문제의 정답은 다음과 같은 규칙으로 ENT 파일을 저장하시오.
  - 저장 위치 : 바탕 화면 > KAIT > 제출파일 폴더
  - 파일명 : CAT-수검번호-이름.ent
  ※ 예시 : 수검번호가 CAT-2500-000000이고 수험자 이름이 홍길동인 경우
  " **CAT-000000-홍길동.ent** "로 저장할 것
- 수검 시 **지문 순서대로 작업**하며, 오브젝트 및 블록 등을 임의 추가 시 감점 처리됨
- **【문제 2~3】**은 블록코딩을 원칙으로 하며, 오브젝트 설정 창에서 설정 시 감점 처리됨

【문제 1】 다음 [처리조건]에 따라 배경 및 오브젝트를 설정하시오. (10점)

▶ 배경 설정하기

[처리조건]	[배경]	
① '장면1'에 '들판(3)' 배경을 불러오기 　- 이름을 '**들판**'으로 변경하기 ② '장면2'에 '마룻바닥' 배경을 불러오기 　- 이름을 '**바닥**'으로 변경하기	① 들판	② 마룻바닥

▶ 오브젝트 설정하기 (오브젝트는 순서대로 불러올 것)

[처리조건]	[오브젝트]	
① '곰(1)' 오브젝트를 불러오기 　- 이름을 '**곰**'으로 변경하기 ② '모래알' 오브젝트를 불러오기 　- 이름을 '**먼지**'로 변경하기 ③ '쓰레기' 오브젝트를 불러오기 　- 이름 **변경 없음** ④ '미어캣' 오브젝트를 불러오기 　- 이름 **변경 없음** ※ 기존의 '엔트리봇' 오브젝트는 삭제한다.	② 곰(1)	② 모래알
	③ 쓰레기	④ 미어캣

03 오브젝트 크기와 위치
유형분석

오브젝트 영역에서 크기와 위치 등을 바꾸는 경우 감점의 대상이 될 수 있습니다. 따라서 오브젝트의 위치와 크기 등은 반드시 명령 블록을 이용해 설정합니다. 문제에 제시된 주요 블록은 모두 사용해야 하며, 문제 해결을 위해 필요한 블록은 추가해 코딩합니다.

문제 미리 보기

◉ 준비파일 : 유형분석_03(준비).ent　　◉ 완성파일 : 유형분석_03(완성).ent

유의사항

• 각 문제의 정답은 다음과 같은 규칙으로 ENT 파일을 저장하시오.
 - 저장 위치 : 바탕 화면 > KAIT > 제출파일 폴더
 - 파일명 : CAT-수검번호-이름.ent
 ※ 예시 : 수검번호가 CAT-2500-000000이고 수험자 이름이 홍길동인 경우
  " **CAT-000000-홍길동.ent** "로 저장할 것
• 수검 시 **지문 순서대로 작업**하며, 오브젝트 및 블록 등을 임의 추가 시 감점 처리됨
•【문제 2~3】은 블록코딩을 원칙으로 하며, 오브젝트 설정 창에서 설정 시 감점 처리됨

【문제 2】 [주요블록]을 모두 사용하여 [처리조건]에 따라 오브젝트를 코딩하시오. (80점)

▶ '표지판' 오브젝트

'표지판' 오브젝트는 정해진 위치에 나타난다.

[처리조건]	[주요블록]
◎ 시작하기 버튼을 클릭했을 때 • 크기를 '30'으로 정하기 • x: '195' y: '-100' 위치로 이동하기	▶ 시작하기 버튼을 클릭했을 때

▶ '꽃' 오브젝트

'꽃' 오브젝트는 정해진 위치에 나타난다.

[처리조건]	[주요블록]
◎ 시작하기 버튼을 클릭했을 때 • 크기를 '40'으로 정하기 • x: '-40' y: '-90' 위치로 이동하기	크기를 0 (으)로 정하기

1 '표지판' 오브젝트 코딩하기

1 오브젝트 영역에서 '표지판' 오브젝트를 선택합니다. [시작] 탭의 [시작하기 버튼을 클릭했을 때] 블록을 작업 영역으로 드래그합니다.

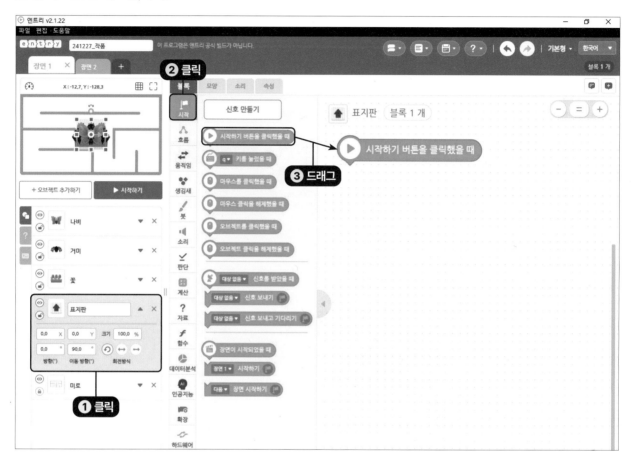

2 [생김새] 탭의 [크기를 100 (으)로 정하기] 블록을 연결한 다음 값에 '30'을 입력합니다.

3 [움직임] 탭의 [x: 0 y: 0 위치로 이동하기] 블록을 연결한 다음 값에 '195'와 '-100'을 입력합니다.

시작하기 버튼을 클릭했을 때
크기를 30 (으)로 정하기
x: 195 y: -100 위치로 이동하기

4 오브젝트 영역에서 '꽃' 오브젝트를 선택합니다. [시작] 탭의 [시작하기 버튼을 클릭했을 때] 블록을 작업 영역으로 드래그합니다.

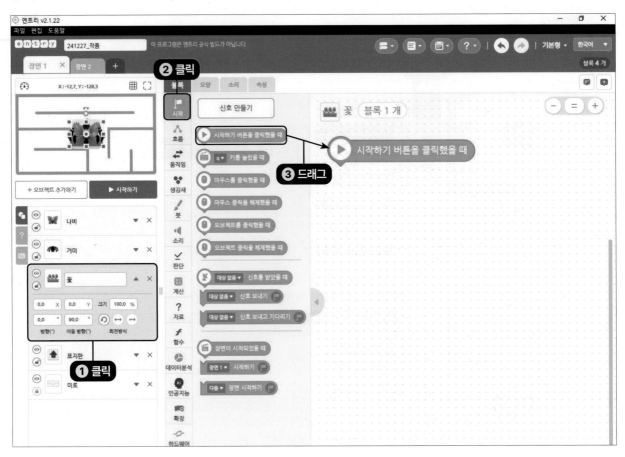

5 [생김새] 탭의 [크기를 100 (으)로 정하기] 블록을 연결한 다음 값에 '40'을 입력합니다.

6 [움직임] 탭의 [x: 0 y: 0 위치로 이동하기] 블록을 연결한 다음 값에 '-40'과 '-90'을 입력합니다.

7 실행 영역에서 [시작하기(▶)] 버튼을 클릭한 다음 오브젝트 영역에서 '표지판' 오브젝트와 '꽃' 오브젝트의 크기와 위치가 바뀌는 것을 확인합니다.

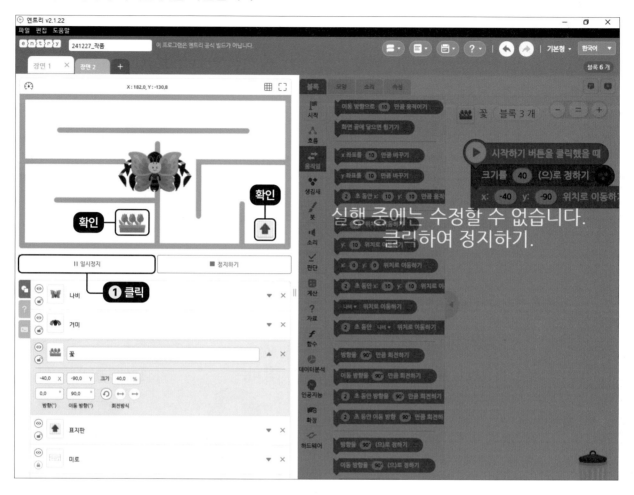

8 [정지하기(■)] 버튼을 클릭해 실행을 멈춥니다.

유 형 익 히 기

● 완성파일 : 유형3-1.ent

【문제 1】 다음 [처리조건]에 따라 배경 및 오브젝트를 설정하시오. (10점)

▶ 배경 설정하기

[처리조건]	[배경]	
① '장면 1'에 '도시(2)' 배경을 불러오기 　• 이름을 '**도시**'로 변경하기 ② '장면 2'에 '공항' 배경을 불러오기 　• 이름을 **변경 없음**	① 도시(2) 	② 공항 

▶ <u>오브젝트 설정하기</u> (오브젝트는 순서대로 불러올 것)

[처리조건]	[오브젝트]	
① '시작 버튼' 오브젝트를 불러오기 　• 이름을 '**시작**'으로 변경하기 ② '신호등(2)' 오브젝트를 불러오기 　• 이름 '**신호등**'으로 변경하기 ③ '빨간 자동차' 오브젝트를 불러오기 　• 이름을 '**자동차**'로 변경하기 ④ '트레이닝콘' 오브젝트를 불러오기 　• 이름 **변경 없음** ※ 기존의 '엔트리봇' 오브젝트는 삭제한다.	① 시작 버튼 	② 신호등(2) 
	③ 빨간 자동차 	④ 트레이닝콘

【문제 2】 [주요블록]을 모두 사용하여 [처리조건]에 따라 오브젝트를 코딩하시오. (80점)

▶ 배경 설정하기

 　'시작' 오브젝트는 정해진 위치에 나타난다.

[처리조건]	[주요블록]
◎ 시작하기 버튼을 클릭했을 때 　• 크기를 '30' 으로 정하기 　• x: '180' y: '-60' 위치로 이동하기	시작하기 버튼을 클릭했을 때

▶ '신호등' 오브젝트

  '신호등' 오브젝트는 정해진 위치에 나타난다.

[처리조건]	[주요블록]
◎ 시작하기 버튼을 클릭했을 때 • 크기를 '40' 으로 정하기 • x: '-40' y: '-90' 위치로 이동하기 • 모양을 '신호등(2)_빨강' 모양으로 바꾸기	크기를 100 (으)로 정하기

▶ '자동차' 오브젝트

  '자동차 오브젝트는 정해진 위치에 나타난다.

[처리조건]	[주요블록]
◎ 시작하기 버튼을 클릭했을 때 • 크기를 '40' 으로 정하기 • x: '-40' y: '-50' 위치로 이동하기	크기를 100 (으)로 정하기

▶ '트레이닝콘' 오브젝트

  '트레이닝콘' 오브젝트는 정해진 위치에 나타난다.

[처리조건]	[주요블록]
◎ 시작하기 버튼을 클릭했을 때 • 크기를 '20' 으로 정하기 • x: '190' y: '-60' 위치로 이동하기	x: 0 y: 0 위치로 이동하기

유형 3 - 2

● 완성파일 : 유형3-2.ent

【문제 1】 다음 [처리조건]에 따라 배경 및 오브젝트를 설정하시오. (10점)

▶ 배경 설정하기

[처리조건]	[배경]	
① '장면 1'에 '공동묘지' 배경을 불러오기 • 이름을 '**묘지**'로 변경하기 ② '장면 2'에 '으스스한 숲속' 배경을 불러오기 • 이름을 '**숲속**'으로 변경하기	① 공동묘지 	② 으스스한 숲속 

▶ <u>오브젝트 설정하기</u> (오브젝트는 순서대로 불러올 것)

[처리조건]	[오브젝트]	
① '유령' 오브젝트를 불러오기 • 이름 **변경 없음** ② '할아버지 마법사' 오브젝트를 불러오기 • 이름을 '**마법사**'로 변경하기 ③ '좀비(3)' 오브젝트를 불러오기 • 이름을 '**좀비**'로 변경하기 ④ '번개(1)' 오브젝트를 불러오기 • 이름 '**번개**'로 변경하기 ※ 기존의 '엔트리봇' 오브젝트는 삭제한다.	① 유령 	② 할아버지 마법사
	③ 좀비(3) 	④ 번개(1)

【문제 2】 [주요블록]을 모두 사용하여 [처리조건]에 따라 오브젝트를 코딩하시오. (80점)

▶ '유령' 오브젝트

 '유령' 오브젝트는 정해진 위치에 나타난다.

[처리조건]	[주요블록]
◎ 시작하기 버튼을 클릭했을 때 • 크기를 '50'으로 정하기 • x: '170' y: '90' 위치로 이동하기 • 투명도 효과를 '50'만큼 주기	▶ 시작하기 버튼을 클릭했을 때

▶ '마법사' 오브젝트

'마법사' 오브젝트는 정해진 위치에 나타난다.

[처리조건]	[주요블록]
◎ 시작하기 버튼을 클릭했을 때 • 크기를 '80'으로 정하기 • x: '-90' y: '-70' 위치로 이동하기 • 좌우 모양 뒤집기	크기를 100 (으)로 정하기

▶ '좀비' 오브젝트

'좀비' 오브젝트는 정해진 위치에 나타난다.

[처리조건]	[주요블록]
◎ 시작하기 버튼을 클릭했을 때 • 크기를 '70' (으)로 정하기 • x: '180' y: '-60' 위치로 이동하기 • 좌우 모양 뒤집기	크기를 100 (으)로 정하기

▶ '번개' 오브젝트

'번개' 오브젝트는 정해진 위치에 나타난다.

[처리조건]	[주요블록]
◎ 시작하기 버튼을 클릭했을 때 • 크기를 '50'으로 정하기 • x: '0' y: '0' 위치로 이동하기 • 밝기 효과를 '100' 만큼 주기	x: 0 y: 0 위치로 이동하기

유 형 익 히 기

유형 3-3

● 완성파일 : 유형3-3.ent

【문제 1】 다음 [처리조건]에 따라 배경 및 오브젝트를 설정하시오. (10점)

▶ <u>배경 설정하기</u>

[처리조건]	[배경]	
① '장면 1'에 '날씨' 배경을 불러오기 　- 이름을 **'하늘'**로 변경하기 ② '장면 2'에 '구름 세상' 배경을 불러오기 　- 이름을 **'구름'**으로 변경하기	① 날씨	② 구름 세상

▶ <u>오브젝트 설정하기</u> (오브젝트는 순서대로 불러올 것)

[처리조건]	[오브젝트]	
① '열기구' 오브젝트를 불러오기 　• 이름 **변경 없음** ② '[묶음] 새' 오브젝트를 불러오기 　• 이름을 **'새'**로 변경하기 ③ '독수리' 오브젝트를 불러오기 　• 이름 **변경 없음** ④ '큰별(노랑)' 오브젝트를 불러오기 　• 이름을 **'큰별'**로 변경하기 ※ 기존의 '엔트리봇' 오브젝트는 삭제한다.	① 열기구	② [묶음] 새
	③ 독수리	④ 큰별(노랑)

【문제 2】 [주요블록]을 모두 사용하여 [처리조건]에 따라 오브젝트를 코딩하시오. (80점)

▶ <u>'열기구' 오브젝트</u>

'열기구' 오브젝트는 정해진 위치에 나타난다.

[처리조건]	[주요블록]
◎ 시작하기 버튼을 클릭했을 때 　• 크기를 '50' 으로 정하기 　• x: '-160' y: '-10' 위치로 이동하기	▶ 시작하기 버튼을 클릭했을 때

▶ '새' 오브젝트

   '새' 오브젝트는 정해진 위치에 나타난다.

[처리조건]	[주요블록]
◎ 시작하기 버튼을 클릭했을 때 　• 크기를 '80' 으로 정하기 　• x: '150' y: '70' 위치로 이동하기 　• 좌우 모양 뒤집기	크기를 100 (으)로 정하기

▶ '독수리' 오브젝트

   '독수리' 오브젝트는 정해진 위치에 나타난다.

[처리조건]	[주요블록]
◎ 시작하기 버튼을 클릭했을 때 　• 크기를 '50' 으로 정하기 　• x: '-50' y: '50' 위치로 이동하기 　• 좌우 모양 뒤집기	크기를 100 (으)로 정하기

▶ '큰별' 오브젝트

   '큰별' 오브젝트는 정해진 위치에 나타난다.

[처리조건]	[주요블록]
◎ 시작하기 버튼을 클릭했을 때 　• 크기를 '30' 으로 정하기 　• x: '190' y: '-70' 위치로 이동하기 　• 좌우 모양 뒤집기	x: 0 y: 0 위치로 이동하기

변수를 이용한 코딩

문제에 제시된 변수를 만들고 기본값을 지정합니다. 변수의 기본값은 변수를 생성하면서 설정합니다. 문제에 제시된 변수를 만들고 제시된 처리조건에 맞춰 코딩하는 동안 (ㄱ) , (ㄴ) , (ㄷ) 과 같은 괄호는 오브젝트 설명에 제시된 값을 확인한 후 알맞은 값을 입력합니다.

 문제 미리 보기

● 준비파일 : 유형분석_04(준비).ent   ● 완성파일 : 유형분석_04(완성).ent

【문제 2】 [주요블록]을 모두 사용하여 [처리조건]에 따라 오브젝트를 코딩하시오. (80점)

▶ '거미' 오브젝트

 '거미' 오브젝트는 '무작위 수'에 나타나며, '나비' 오브젝트에 닿으면 점수가 '1'씩 줄어든다.

[처리조건]	[주요블록]
① '점수' 변수 만들기 (변수 기본값은 '0', '모든 오브젝트에 사용' 설정하기) ② 시작하기 버튼을 클릭했을 때 • x: '-150 부터 150 사이의 무작위 수' 　y: '-100 부터 100 사이의 무작위 수' 　위치로 이동하기 • 계속 반복하기 　- 모양 보이기 　- '3' 초 동안 x: '나비' 의 'x좌푯값' y: '나비' 의 'y 좌푯값' 위치로 이동하기 　- '0.5' 초 기다리기 　- 모양 숨기기 ③ 시작하기 버튼을 클릭했을 때 • 모양 숨기기 • 크기를 '40' 으로 정하기 • 계속 반복하기 　- 만일 '나비' 에 닿았는가? 라면 　　└ '점수' 에 ' - (ㄱ) ' 만큼 더하기 　　└ 모양 숨기기 　　└ '2' 초 기다리기 　　└ 모양 보이기	계속 반복하기 2 초 동안 x: 10 y: 10 위치로 이동하기 크기를 100 (으)로 정하기 2 초 기다리기 마우스포인터 ▼ 에 닿았는가? 모양 보이기 자신 ▼ 의 x 좌푯값 ▼

1 변수 만들기

1 '점수' 변수를 만들기 위해 [속성] 탭에서 [변수]를 클릭한 후 [변수 추가하기]를 클릭합니다.

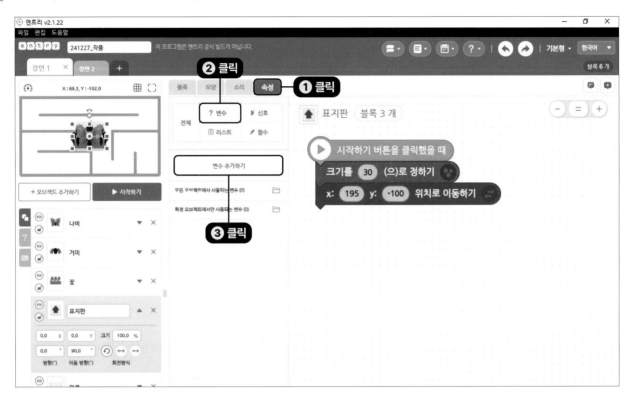

2 변수 이름에 '점수'를 입력하고 [모든 오브젝트에 사용]과 같은 옵션을 확인한 후 [변수 추가]를 클릭합니다.

3 새로운 변수가 만들어지면 '변수 기본값' 등을 입력합니다.

2 거미 오브젝트 코딩하기 1

1 오브젝트 영역에서 '거미' 오브젝트를 선택한 다음 [시작] 탭의 [시작하기 버튼을 클릭했을 때] 블록을 작업 영역으로 드래그합니다.

2 [움직임] 탭의 [x: 0 y: 0 위치로 이동하기] 블록을 연결합니다.

> 시작하기 버튼을 클릭했을 때
> x: ⓪ y: ⓪ 위치로 이동하기

3 [계산] 탭의 [0부터 10 사이의 무작위 수] 블록을 [x: 0 y: 0 위치로 이동하기] 블록의 'x'에 연결한 다음 값에 '-150'과 '150'을 입력합니다.

> 시작하기 버튼을 클릭했을 때
> x: -150 부터 150 사이의 무작위 수 y: ⓪ 위치로 이동하기

4 [계산] 탭의 [0부터 10 사이의 무작위 수] 블록을 [x: 0 y: 0 위치로 이동하기] 블록의 'y'에 연결한 다음 값에 '-100'과 '100'을 입력합니다.

> 시작하기 버튼을 클릭했을 때
> x: -150 부터 150 사이의 무작위 수 y: -100 부터 100 사이의 무작위 수 위치로 이동하기

5 [흐름] 탭의 [계속 반복하기] 블록을 연결합니다.

> 시작하기 버튼을 클릭했을 때
> x: -150 부터 150 사이의 무작위 수 y: -100 부터 100 사이의 무작위 수 위치로 이동하기
> 계속 반복하기

6 [생김새] 탭의 [모양 보이기] 블록을 연결합니다.

> 시작하기 버튼을 클릭했을 때
> x: -150 부터 150 사이의 무작위 수 y: -100 부터 100 사이의 무작위 수 위치로 이동하기
> 계속 반복하기
> 모양 보이기

7 [움직임] 탭의 [2초 동안 x: 10 y: 10 위치로 이동하기] 블록을 연결한 다음 값에 '3'을 입력합니다.

> 시작하기 버튼을 클릭했을 때
> x: -150 부터 150 사이의 무작위 수 y: -100 부터 100 사이의 무작위 수 위치로 이동하기
> 계속 반복하기
> 모양 보이기
> 3 초 동안 x: 10 y: 10 만큼 움직이기

8 [계산] 탭의 [나비의 x 좌푯값] 블록을 연결합니다.

```
시작하기 버튼을 클릭했을 때
x:  -150  부터  150  사이의 무작위 수  y:  -100  부터  100  사이의 무작위 수  위치로 이동하기
계속 반복하기
    모양 보이기
    3  초 동안 x:  나비 ▼  의  x좌푯값 ▼  y:  10  만큼 움직이기
```

9 [계산] 탭의 [자신의 x 좌푯값] 블록을 연결한 다음 'x 좌푯값'을 클릭해 'y 좌푯값'을 선택합니다.

```
시작하기 버튼을 클릭했을 때
x:  -150  부터  150  사이의 무작위 수  y:  -100  부터  100  사이의 무작위 수  위치로 이동하기
계속 반복하기
    모양 보이기
    3  초 동안 x:  나비 ▼  의  x좌푯값 ▼  y:  나비 ▼  의  y좌푯값 ▼  만큼 움직이기
```

10 [흐름] 탭의 [2초 기다리기] 블록을 연결한 다음 값에 '0.5'를 입력합니다.

```
시작하기 버튼을 클릭했을 때
x:  -150  부터  150  사이의 무작위 수  y:  -100  부터  100  사이의 무작위 수  위치로 이동하기
계속 반복하기
    모양 보이기
    3  초 동안 x:  나비 ▼  의  x좌푯값 ▼  y:  나비 ▼  의  y좌푯값 ▼  만큼 움직이기
    0.5  초 기다리기
```

11 [생김새] 탭의 [모양 숨기기] 블록을 연결합니다.

```
시작하기 버튼을 클릭했을 때
x:  -150  부터  150  사이의 무작위 수  y:  -100  부터  100  사이의 무작위 수  위치로 이동하기
계속 반복하기
    모양 보이기
    3  초 동안 x:  나비 ▼  의  x좌푯값 ▼  y:  나비 ▼  의  y좌푯값 ▼  만큼 움직이기
    0.5  초 기다리기
    모양 숨기기
```

1 [시작] 탭의 [시작하기 버튼을 클릭했을 때] 블록을 작업 영역으로 드래그합니다.

2 [생김새] 탭의 [모양 숨기기] 블록을 연결합니다.

3 [생김새] 탭의 [크기를 100 (으)로 정하기] 블록을 연결한 다음 값에 '40'을 입력합니다.

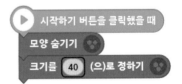

4 [흐름] 탭의 [계속 반복하기] 블록을 연결합니다.

5 [만일 참이라면] 블록을 연결합니다.

6 [판단] 탭의 [마우스포인터에 닿았는가?] 블록을 연결한 다음 '마우스포인터'를 클릭해 '나비'를 선택합니다.

7 [자료] 탭의 [점수에 10만큼 더하기] 블록을 연결한 다음 값에 '-1'을 입력합니다.

 '(ㄱ)'에 입력하는 값

'(ㄱ)'에 입력하는 값은 문제의 오브젝트 설명에 있는 내용을 참고하여 입력합니다. 이 문제에서는 점수가 1씩 줄어들기 때문에 '-1'을 입력합니다.

8 [생김새] 탭의 [모양 숨기기] 블록을 연결합니다.

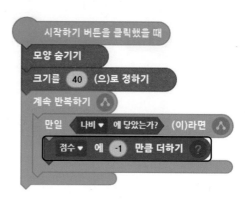

9 [흐름] 탭의 [2초 기다리기] 블록을 연결합니다.

```
시작하기 버튼을 클릭했을 때
모양 숨기기
크기를 40 (으)로 정하기
계속 반복하기
    만일 나비 ▼ 에 닿았는가? (이)라면
        점수 ▼ 에 -1 만큼 더하기
        모양 숨기기
        2 초 기다리기
```

10 [생김새] 탭의 [모양 보이기] 블록을 연결합니다.

```
시작하기 버튼을 클릭했을 때
모양 숨기기
크기를 40 (으)로 정하기
계속 반복하기
    만일 나비 ▼ 에 닿았는가? (이)라면
        점수 ▼ 에 -1 만큼 더하기
        모양 숨기기
        2 초 기다리기
        모양 보이기
```

유 형 익 히 기

유형 4-1

● 완성파일 : 유형4-1.ent

프로젝트 설명

바는 화살표 키로 움직인다. 원이 바에 닿으면 원은 튕겨 나간다. 원이 아래쪽 모서리에 닿으면 점수를 1씩 줄인다. 하트에 닿으면 점수가 1씩 늘어난다. 별에 닿으면 점수가 2씩 늘어난다.

【문제 1】 다음 [처리조건]에 따라 배경 및 오브젝트를 설정하시오. (10점)

▶ <u>배경 설정하기</u>

[처리조건]	[배경]	

① '장면 1'에 '풀' 배경을 불러오기
   - 이름을 '**잔디**'로 변경하기
② '장면 2'에 '구름 세상' 배경을 불러오기
   - 이름을 '**구름**'으로 변경하기
	① 풀	② 구름 세상

▶ <u>오브젝트 설정하기</u> (오브젝트는 순서대로 불러올 것)

[처리조건]	[오브젝트]	

① '진행 상태 바' 오브젝트를 불러오기
   - 이름을 '**바**'로 변경하기
② '원' 오브젝트를 불러오기
   - 이름 **변경 없음**
	①진행 상태 바	② 원

② '기본하트' 오브젝트를 불러오기
   - 이름을 '**하트**'로 변경하기
② '[묶음] 별' 오브젝트를 불러오기
   - 이름을 '**별**'로 변경하기
※ 기존의 '엔트리봇' 오브젝트는 삭제한다.
	③ 기본하트	④ [묶음] 별

【문제 2】 [주요블록]을 모두 사용하여 [처리조건]에 따라 오브젝트를 코딩하시오. (80점)

▶ '바' 오브젝트

 '바' 오브젝트는 키보드의 방향키를 이용해 왼쪽과 오른쪽으로 이동한다.

[처리조건]	[주요블록]

① '점수' 변수 만들기
(변수 기본값은 '0', '모든 오브젝트에 사용' 설정하기)
② 시작하기 버튼을 클릭했을 때
• 크기를 '50' 으로 정하기
• x: '0' y: '-100' 위치로 이동하기
• 계속 반복하기
  - 만일 '왼쪽 화살표' 키가 눌러져 있는가? 라면
    └ x좌표를 '-5' 만큼 바꾸기
  - 만일 '오른쪽 화살표' 키가 눌러져 있는가? 라면
    └ x좌표를 '5' 만큼 바꾸기

▶ '원' 오브젝트

 '원' 오브젝트는 '화면 가운데'에 나타나며, '바' 오브젝트에 닿으면 점수가 '1'씩 늘어난다.

[처리조건]	[주요블록]

② 시작하기 버튼을 클릭했을 때
• 크기를 '20' 으로 정하기
• x: '0' y: '0' 위치로 이동하기
• 이동 방향을 '0'부터 '360' 사이의 무작위 수로 정하기
• 계속 반복하기
  - 이동 방향으로 '2'만큼 움직이기
  - 화면 끝에 닿으면 튕기기
③ 시작하기 버튼을 클릭했을 때
• 계속 반복하기
  - 만일 '바' 에 닿았는가? 라면
    └ '점수' 에 ' (ㄱ) ' 만큼 더하기
    └ 이동 방향을 '0'부터 '360' 사이의 무작위 수로 정하기
  - 만일 '아래쪽 벽'에 닿았는가? 라면
    └ x: '0' y: '0' 위치로 이동하기
    └ '점수' 변수에 '-1'만큼 더하기

▶ '하트' 오브젝트

'하트' 오브젝트는 '무작위 수'에 나타나며, '원' 오브젝트에 닿으면 점수가 '1'씩 늘어난다.

[처리조건]	[주요블록]

② 시작하기 버튼을 클릭했을 때
  • 크기를 '40' 으로 정하기
  • 모양 숨기기
  • 계속 반복하기
    - x: '-150 부터 150 사이의 무작위 수'
      y: '-100 부터 100 사이의 무작위 수'
      위치로 이동하기
    - 모양 보이기
    - '2' 초 기다리기
    - 모양 숨기기
③ 시작하기 버튼을 클릭했을 때
  • 계속 반복하기
    - 만일 '원'에 닿았는가? 라면
      └ '점수'에 ' (ㄴ) ' 만큼 더하기
      └ 모양 숨기기
	모양 숨기기
	
	0 부터 10 사이의 무작위 수
	
	모양 보이기
	
	만일 참 (이)라면
	
	변수▼ 에 10 만큼 더하기

▶ '별' 오브젝트

'별' 오브젝트는 '무작위 수'에 나타나며, '원' 오브젝트에 닿으면 점수가 '2'씩 늘어난다.

[처리조건]	[주요블록]

② 시작하기 버튼을 클릭했을 때
  • 크기를 '30' 으로 정하기
  • 모양 숨기기
  • 계속 반복하기
    - x: '-150 부터 150 사이의 무작위 수'
      y: '-100 부터 100 사이의 무작위 수'
      위치로 이동하기
    - 모양 보이기
    - '1' 초 기다리기
    - 모양 숨기기
③ 시작하기 버튼을 클릭했을 때
  • 계속 반복하기
    - 만일 '원'에 닿았는가? 라면
      └ '점수'에 ' (ㄷ) ' 만큼 더하기
      └ 모양 숨기기

유형 4-2

● 완성파일 : 유형4-2.ent

프로젝트 설명

파일럿은 마우스포인터를 따라다닌다. 별은 화면 위쪽에 나타나 파일럿이 있는 방향으로 이동한다. 유성은 화면 아래쪽에 나타나 파일럿이 있는 방향으로 이동한다. 행성은 화면 왼쪽에 나타나 파일럿이 있는 방향으로 이동한다.

【문제 1】 다음 [처리조건]에 따라 배경 및 오브젝트를 설정하시오. (10점)

▶ 배경 설정하기

[처리조건]	[배경]	

① '장면 1'에 ' 우주(2)' 배경을 불러오기
   - 이름을 '**우주**'로 변경하기
② '장면 2'에 '별 헤는 밤' 배경을 불러오기
   - 이름을 '**밤**'으로 변경하기
	① 우주(2)
	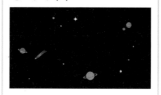
		② 별 헤는 밤

▶ <u>오브젝트 설정하기</u> (오브젝트는 순서대로 불러올 것)

[처리조건]	[오브젝트]	

① '파일럿 엔트리봇' 오브젝트를 불러오기
   - 이름을 '**파일럿**'으로 변경하기
② '행성(3) 오브젝트를 불러오기
   - 이름을 '**별**'로 변경하기
② '행성(1)' 오브젝트를 불러오기
   - 이름을 '**유성**'으로 변경하기
② '행성(4)' 오브젝트를 불러오기
   - 이름을 '**행성**'으로 변경하기
※ 기존의 '엔트리봇' 오브젝트는 삭제한다.
	① 파일럿 엔트리봇
	
		② 행성(3)

	③ 행성(1) 	④ 행성(4)

【문제 2】 [주요블록]을 모두 사용하여 [처리조건]에 따라 오브젝트를 코딩하시오. (80점)

▶ '<u>파일럿</u>' 오브젝트

 '파일럿' 오브젝트는 마우스포인터를 이용해 위치를 이동한다.

[처리조건]	[주요블록]

① '점수' 변수 만들기
(변수 기본값은 '0', '모든 오브젝트에 사용' 설정하기)
② 시작하기 버튼을 클릭했을 때
  • x: '0' y: '0' 위치로 이동하기
  • 크기를 '50'으로 정하기
  • 계속 반복하기
   - 마우스포인터 위치로 이동하기
   - 만일 '행성'에 닿았는가? 라면
     └ '다음' 장면 시작하기
   - 만일 '유성'에 닿았는가? 라면
     └ '다음' 장면 시작하기
   - 만일 '별'에 닿았는가? 라면
     └ '다음' 장면 시작하기
	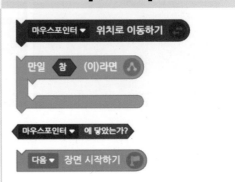

▶ '<u>별</u>' 오브젝트

 '별' 오브젝트는 '화면 위쪽'에 나타나며, '벽'에 닿으면 점수가 '1'씩 늘어난다.

[처리조건]	[주요블록]

② 시작하기 버튼을 클릭했을 때
  • 계속 반복하기
   - x: '-230~230 사이의 무작위 수'
    y: '120' 위치로 이동하기
   - '파일럿' 쪽 바라보기
   - '벽'에 닿았는가? 이 될 때까지 반복하기
     └ '이동 방향으로 '2'만큼 움직이기
   - '점수'에 ' (ㄱ) '만큼 더하기
	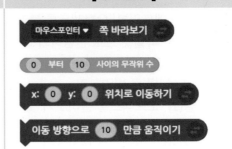

▶ '유성' 오브젝트

  '유성' 오브젝트는 '화면 아래쪽'에 나타나며, '벽'에 닿으면 점수가 '1'씩 늘어난다.

[처리조건]	[주요블록]
② 시작하기 버튼을 클릭했을 때 　• 계속 반복하기 　　- x: '-230 부터 230 사이의 무작위 수' 　　　y: '-120' 위치로 이동하기 　　- '파일럿' 쪽 바라보기 　　- '벽'에 닿았는가? 이 될 때까지 반복하기 　　　└ 이동 방향으로 '2'만큼 움직이기 　　- '점수'에 '　(ㄴ)　' 만큼 더하기	마우스포인터 ▼ 쪽 바라보기 0 부터 10 사이의 무작위 수 x: 0 y: 0 위치로 이동하기 변수 ▼ 에 10 만큼 더하기

▶ '행성' 오브젝트

  '행성' 오브젝트는 '화면 왼쪽'에 나타나며, '벽'에 닿으면 점수가 '1'씩 늘어난다.

[처리조건]	[주요블록]
② 시작하기 버튼을 클릭했을 때 　• 계속 반복하기 　　- x: '-230' y: '-120 부터 120 사이의 무작위 수' 위치로 　　　이동하기 　　- '파일럿' 쪽 바라보기 　　- '벽'에 닿았는가? 이 될 때까지 반복하기 　　　└ '이동 방향으로 '2'만큼 움직이기 　　- '점수'에 '　(ㄷ)　' 만큼 더하기	마우스포인터 ▼ 쪽 바라보기 마우스포인터 ▼ 에 닿았는가? 0 부터 10 사이의 무작위 수 x: 0 y: 0 위치로 이동하기 이동 방향으로 10 만큼 움직이기

05 유형분석

신호를 이용한 코딩

문제에 제시된 신호를 만들고 제시된 처리조건에 맞춰 코딩합니다. (ㄱ), (ㄴ), (ㄷ) 과 같은 괄호는 오브젝트 설명에 제시된 값을 확인한 후 알맞은 값을 입력합니다.

문제 미리 보기

● 준비파일 : 유형분석_05(준비).ent   ● 완성파일 : 유형분석_05(완성).ent

'나비' 오브젝트는 '왼쪽, 오른쪽, 위, 아래'로 '2'씩 이동하며, 미로에 닿으면 점수가 '1'씩 줄어든다. 실패 조건을 피해 '꽃' 오브젝트에 도착하면 '다음' 장면이 실행된다.

[처리조건]	[주요블록]

[처리조건]

① '성공' 신호 만들기
② '실패' 신호 만들기
③ 시작하기 버튼을 클릭했을 때
   • 크기를 '30'으로 정하기
   • 이동 방향을 '0°'로 정하기
   • x: '200' y: '-100' 위치로 이동하기
   • 계속 반복하기
     - 만일 '왼쪽 화살표' 키가 눌러져 있는가? 라면
       └ 방향을 '270°'로 정하기
       └ 이동 방향으로 ' (ㄱ) '만큼 움직이기
     - 만일 '오른쪽 화살표' 키가 눌러져 있는가? 라면
       └ 방향을 '90°'로 정하기
       └ 이동 방향으로 '2' 만큼 움직이기
     - 만일 '위쪽 화살표' 키가 눌러져 있는가? 라면
       └ 방향을 '0°'로 정하기
       └ 이동 방향으로 '2' 만큼 움직이기
     - 만일 '아래쪽 화살표' 키가 눌러져 있는가? 라면
       └ 방향을 '180°'로 정하기
       └ 이동 방향으로 '2' 만큼 움직이기
④ 시작하기 버튼을 클릭했을 때
   • 계속 반복하기
     - 만일 '미로'에 닿았는가? 라면
       └ '점수'에 ' -(ㄴ) '만큼 더하기
       └ '표지판' 위치로 이동하기
     - 만일 '점수' 값 < '-5' 라면
       └ '실패' 신호 보내고 기다리기
     - 만일 '꽃'에 닿았는가? 라면
       └ '성공' 신호 보내고 기다리기
⑤ '성공' 신호를 받았을 때
   • '다음' 장면 시작하기
⑥ '실패' 신호를 받았을 때
   • '도전 실패'를 '1'초 동안 '말하기'
   • '모든' 코드 멈추기

[주요블록]

마우스포인터 ▼ 위치로 이동하기

모든 ▼ 코드 멈추기

안녕! 을(를) 0 초 동안 말하기 ▼

다음 ▼ 장면 시작하기

방향을 0° (으)로 정하기

10 < 10

만일 참 (이)라면

q ▼ 키가 눌러져 있는가?

이동 방향으로 0 만큼 움직이기

마우스포인터 ▼ 에 닿았는가?

계속 반복하기

대상 없음 ▼ 신호 보내고 기다리기

1 신호 만들기

1 오브젝트 영역에서 '나비' 오브젝트를 선택한 다음 '성공' 신호를 만들기 위해 [속성] 탭에서 [신호]를 클릭한 후 [신호 추가하기]를 클릭합니다.

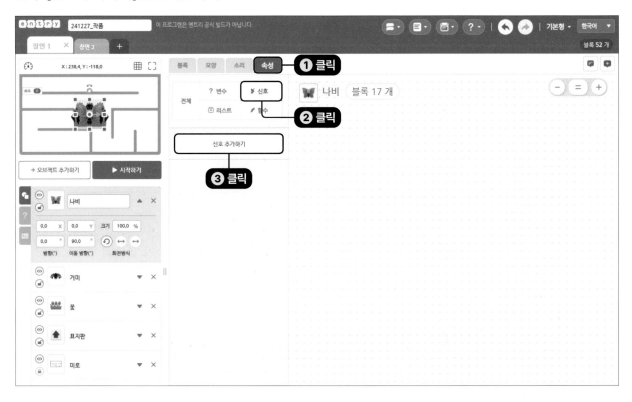

2 신호 이름에 '성공'을 입력하고 ENTER 를 누릅니다.

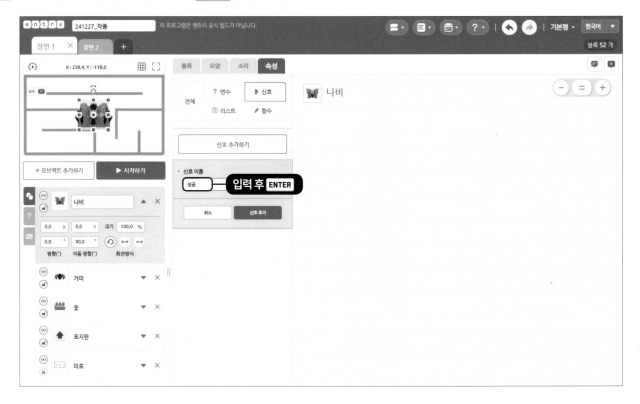

3 새로운 신호가 만들어지면 같은 방법으로 '실패' 신호를 만듭니다.

2 나비 오브젝트 코딩하기 1

1 오브젝트 영역에서 '나비' 오브젝트를 선택한 다음 [시작] 탭의 [시작하기 버튼을 클릭했을 때] 블록을 작업 영역으로 드래그합니다.

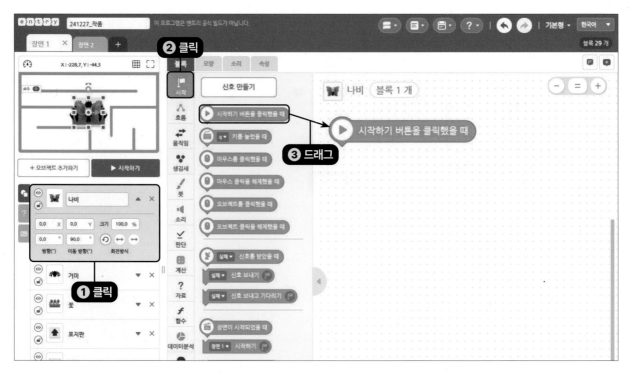

2 [생김새] 탭의 [크기를 100 (으)로 정하기] 블록을 연결한 다음 값에 '30'을 입력합니다.

3 [움직임] 탭의 [이동 방향을 90° (으)로 정하기] 블록을 연결한 다음 값에 '0'을 입력합니다.

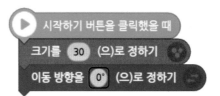

4 [움직임] 탭의 [x: 0 y: 0 위치로 이동하기] 블록을 연결한 다음 값에 '200'과 '-100'을 입력합니다.

5 [흐름] 탭의 [계속 반복하기] 블록을 연결한 다음 [만일 참 (이)라면] 블록을 연결합니다.

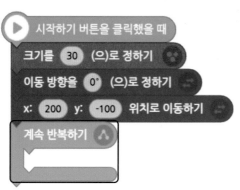 

6 [판단] 탭의 [q 키가 눌러져 있는가?] 블록을 연결한 다음 'q'를 클릭해 '왼쪽 화살표'를 선택합니다.

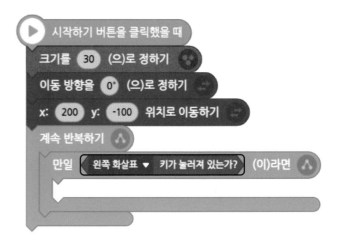

7 [움직임] 탭의 [방향을 90° (으)로 정하기] 블록을 연결한 다음 값에 '270'을 입력합니다.

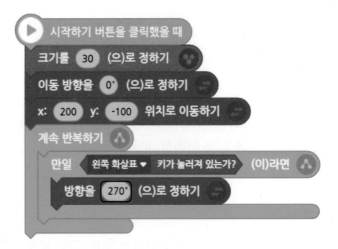

8 [움직임] 탭의 [이동 방향으로 10 만큼 움직이기] 블록을 연결한 다음 값에 '2'을 입력합니다.

 '(ㄴ)'에 입력하는 값

'(ㄴ)'에 입력하는 값은 문제의 오브젝트 설명에 있는 내용을 참고하여 입력합니다. 이 문제에서는 왼쪽, 오른쪽, 위쪽, 아래쪽으로 '2'만큼 움직이기 때문에 '2'를 입력합니다.

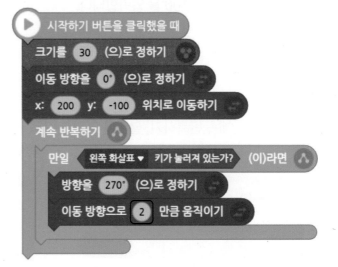

9 [흐름] 탭의 [만일 참 (이)라면] 블록을 연결합니다.

10 [판단] 탭의 [q 키가 눌러져 있는가?] 블록을 연결한 다음 'q'를 클릭해 '오른쪽 화살표'를 선택합니다.

11 [움직임] 탭의 [방향을 90° (으)로 정하기] 블록을 연결합니다.

12 [움직임] 탭의 [이동 방향으로 10 만큼 움직이기] 블록을 연결한 다음 값에 '2'를 입력합니다.

13 [만일 오른쪽 화살표 키가 눌러져 있는가? (이)라면] 블록에서 마우스 오른쪽 버튼을 클릭해 [코드 복사 & 붙여넣기]를 선택합니다.

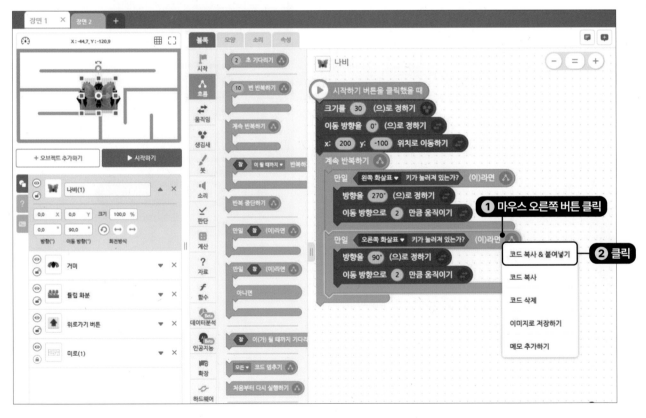

 코드 복사 & 붙여넣기

엔트리 온라인 버전에서는 [코드 복사 & 붙여넣기] 메뉴 대신 [코드 복제하기]를 선택합니다.

14 아래에 연결된 코드가 모두 복사됩니다. 복사한 코드를 연결한 다음 [오른쪽 화살표 키가 눌러져 있는가?] 블록에서 '오른쪽 화살표'를 클릭해 '위쪽 화살표'를 선택합니다.

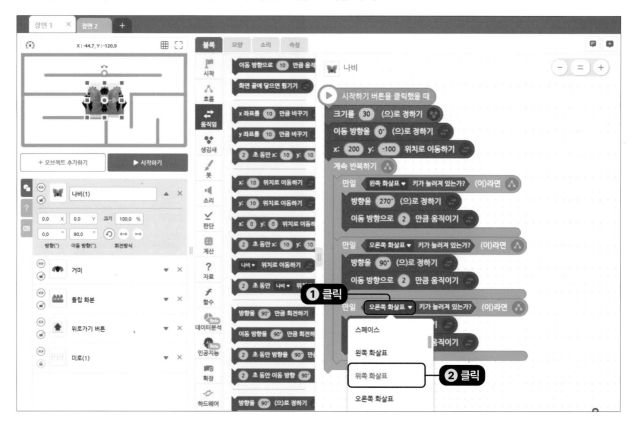

15 [방향을 90° (으)로 정하기] 블록에서 값에 '0' 을 입력합니다

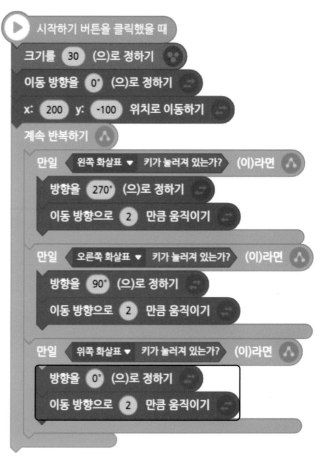

16 같은 방법으로 코드를 복사해 연결합니다. [위쪽 화살표 키가 눌러져 있는가?] 블록에서 '위쪽 화살표'를 클릭해 '아래쪽 화살표'를 선택합니다. [방향을 90° (으)로 정하기] 블록에서 값에 '180'을 입력합니다.

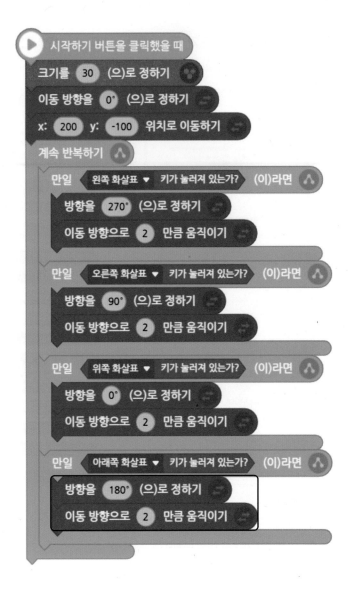

1 '나비' 오브젝트가 선택된 상태에서 [시작] 탭의 [시작하기 버튼을 클릭했을 때] 블록을 작업 영역으로 드래 그합니다.

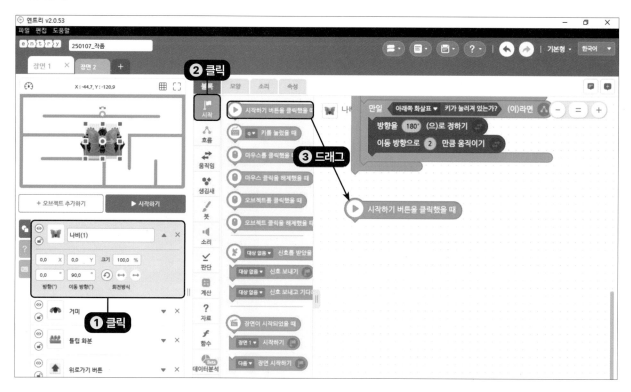

2 [흐름] 탭의 [계속 반복하기] 블록을 연결한 다음 [만일 참 (이)라면] 블록을 연결합니다.

3 [판단] 탭의 [마우스포인터에 닿았는가?] 블록을 연결한 다음 '마우스포인터'를 클릭해 '미로'를 선택합 니다.

4 [자료] 탭의 [점수에 10만큼 더하기] 블록을 연결한 다음 값에 '-1'을 입력합니다.

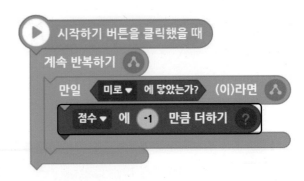

 '(ㄷ)'에 입력하는 값

'(ㄷ)'에 입력하는 값은 문제의 오브젝트 설명에 있는 내용을 참고하여 입력합니다. 문제에서 미로에 닿으면 점수가 '1'씩 줄어들게 설명되어 있으므로 '(ㄷ)'에는 '-1'을 입력합니다.

5 [움직임] 탭의 [나비 위치로 이동하기] 블록을 연결한 다음 '나비'를 클릭해 '표지판'을 선택합니다.

6 [흐름] 탭의 [만일 참 (이)라면] 블록을 연결합니다.

7 [판단] 탭의 [10 < 10] 블록을 연결합니다.

8 [10 < 10] 블록의 왼쪽 값에 [자료] 탭의 [점수 값] 블록을 연결한 다음 오른쪽 값에 '-5'를 입력 합니다.

9 [시작] 탭의 [실패 신호 보내고 기다리기] 블록을 연결합니다.

10 [흐름] 탭의 [만일 참 (이)라면] 블록을 연결합니다.

11 [판단] 탭의 [마우스포인터에 닿았는가?] 블록을 연결한 다음 '마우스포인터'를 클릭해 '꽃'을 선택합니다.

12 [시작] 탭의 [실패 신호 보내고 기다리기] 블록을 연

3 나비 오브젝트 코딩하기 3

1 '나비' 오브젝트가 선택된 상태에서 [시작] 탭의 [실패 신호를 받았을 때] 블록을 드래그한 다음 '실패'를 클릭해 '성공'을 선택합니다.

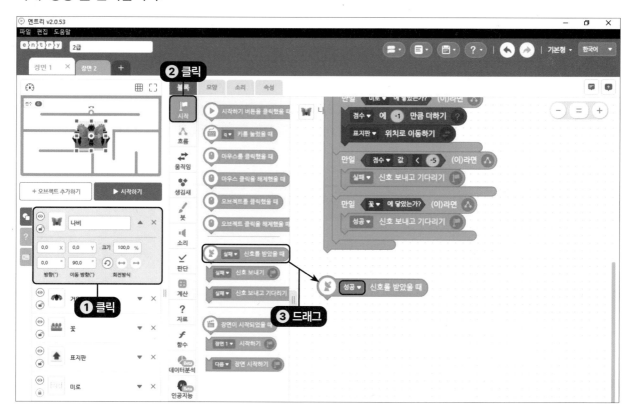

2 [시작] 탭의 [다음 장면 시작하기] 블록을 연결합니다.

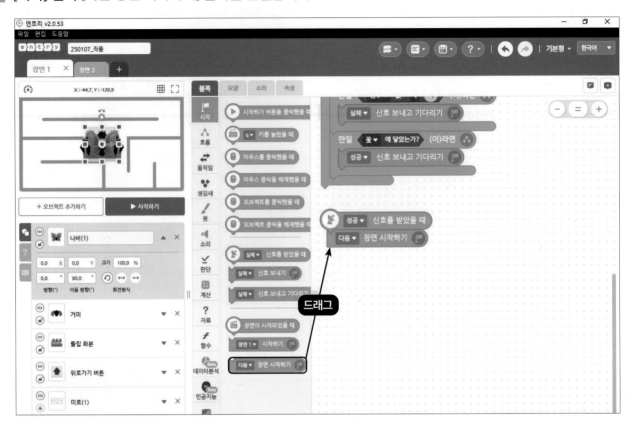

3 '나비' 오브젝트가 선택된 상태에서 [시작] 탭의 [실패 신호를 받았을 때] 블록을 작업 영역으로 드래그합니다.

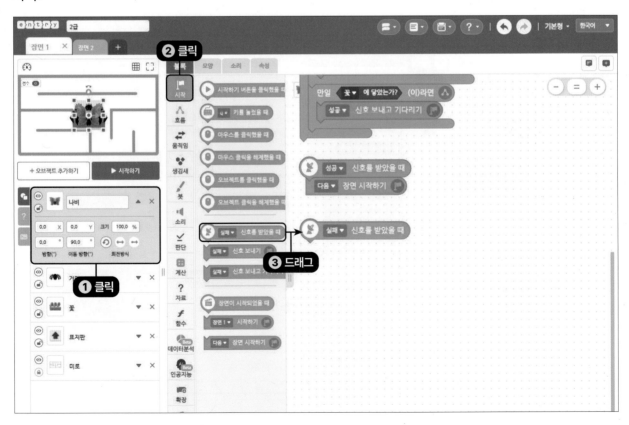

4 [생김새] 탭의 [안녕! 을(를) 4초 동안 말하기] 블록을 연결한 다음 '도전 실패'와 '1'을 입력합니다.

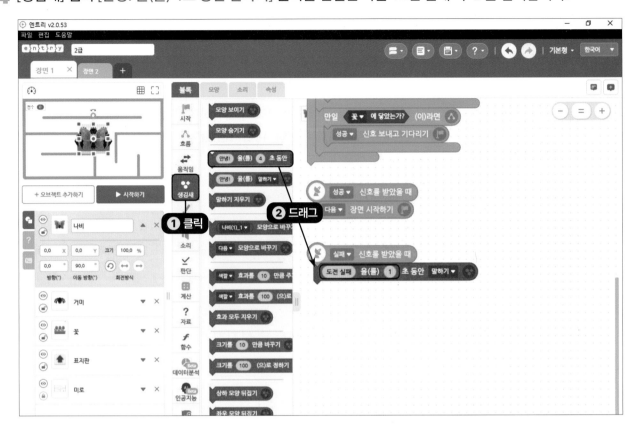

5 [흐름] 탭의 [모든 코드 멈추기] 블록을 연결합니다.

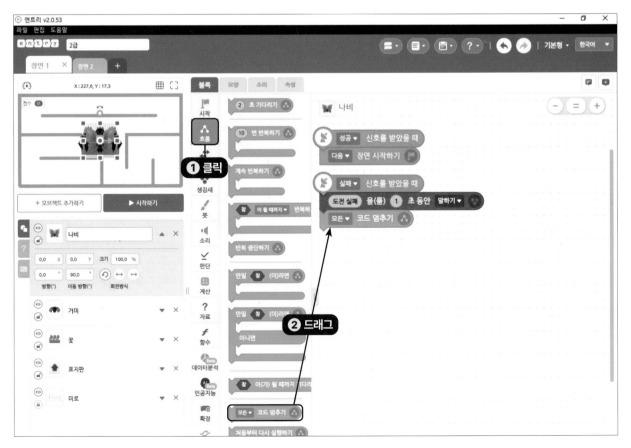

유형익히기

● 완성파일 : 유형5-1.ent

유형 5-1

프로젝트 설명

연필은 마우스포인터를 따라다닌다. 마우스를 클릭하면 그리기 시작하며 마우스의 클릭을 해제하면 그리기를 멈춘다. 지우개를 클릭하면 모든 그리기를 지운다. 더하기를 클릭하면 그리기의 굵기를 굵게 바꾸고, 빼기를 클릭하면 그리기의 굵기를 가늘게 바꿉니다.

 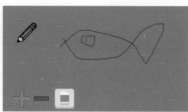 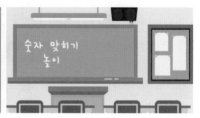

【문제 1】 다음 [처리조건]에 따라 배경 및 오브젝트를 설정하시오. (10점)

▶ 배경 설정하기

[처리조건]	[배경]	
① '장면 1'에 '물' 배경을 불러오기 　- 이름을 **칠판**으로 변경하기 ② '장면 2'에 '교실놀이' 배경을 불러오기 　- 이름을 **교실**로 변경하기	① 물	② 교실놀이

▶ 오브젝트 설정하기 (오브젝트는 순서대로 불러올 것)

[처리조건]	[오브젝트]	
① '연필(1)' 오브젝트를 불러오기 　- 이름을 **연필**로 변경하기 ② '지우개 버튼' 오브젝트를 불러오기 　- 이름을 **지우개**로 변경하기 ③ '더하기' 오브젝트를 불러오기 　- 이름 **변경 없음** ④ '빼기' 오브젝트를 불러오기 　- 이름 **변경 없음** ※ 기존의 '엔트리봇' 오브젝트는 삭제한다.	① 연필(1)	② 지우개 버튼
	③ 더하기	④ 빼기

【문제 2】 [주요블록]을 모두 사용하여 [처리조건]에 따라 오브젝트를 코딩하시오. (80점)

▶ '연필' 오브젝트

 '연필' 오브젝트는 마우스포인터의 위치로 이동하며, '가늘게' 신호를 받으면 붓의 굵기를 '1'씩 줄이고, '굵게' 신호를 받으면 '1'만큼 늘립니다.

[처리조건]	[주요블록]
① 시작하기 버튼을 클릭했을 때 • 크기를 '50' 으로 정하기 • 'x: 0' y: '0' 위치로 이동하기 • 붓의 굵기를 '1'로 정하기 • 계속 반복하기 - 마우스 포인터 위치로 이동하기 ② 마우스를 클릭했을 때 • 그리기 시작하기 ③ 마우스 클릭을 해제했을 때 • 그리기 멈추기 ④ 가늘게 신호를 받았을 때 • 붓의 굵기를 ' - (ㄱ) ' 만큼 바꾸기 ⑤ 굵게 신호를 받았을 때 • 붓의 굵기를 ' (ㄴ) ' 만큼 바꾸기 ⑥ 지우기 신호를 받았을 때 • 모든 붓 지우기	▶ 시작하기 버튼을 클릭했을 때 크기를 100 (으)로 정하기 그리기 시작하기 그리기 멈추기 붓의 굵기를 1 만큼 바꾸기

▶ '지우개' 오브젝트

 '지우개' 오브젝트를 클릭하면 '지우기' 신호를 보내고 기다린다.

[처리조건]	[주요블록]
① '가늘게' 신호 만들기 ② '굵게' 신호 만들기 ③ '지우기' 신호 만들기 ④ 시작하기 버튼을 클릭했을 때 • 크기를 '50' 으로 정하기 • 'x: -80' y: '-100' 위치로 이동하기 ② 오브젝트를 클릭했을 때 • '지우기' 신호를 보내고 기다리기	▶ 시작하기 버튼을 클릭했을 때 크기를 100 (으)로 정하기 오브젝트를 클릭했을 때

▶ '더하기' 오브젝트

 '더하기' 오브젝트를 클릭하면 '굵기' 값을 '1'만큼 더하고, '굵게' 신호를 보내고 기다린다.

[처리조건]	[주요블록]
① '굵기' 변수 만들기 　(변수 기본값은 '1', '모든 오브젝트에 사용' 설정하기) ② 시작하기 버튼을 클릭했을 때 　• 'x: -130' y: '-100' 위치로 이동하기 　• 크기를 '50' 으로 정하기 ③ 오브젝트를 클릭했을 때 　• '굵기'에 ' (ㄷ) ' 만큼 더하기 　• 만일 '굵기' 값 < '10' 이라면 　　- '굵게' 신호 보내고 기다리기	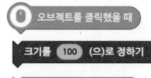 

▶ '빼기' 오브젝트

'빼기' 오브젝트를 클릭하면 '굵기' 값을 '1'만큼 빼고, '굵기' 값이 '0'보다 크면 '가늘게' 신호를 보낸다.

[처리조건]	[주요블록]
① 시작하기 버튼을 클릭했을 때 　• 'x: -190' y: '-100' 위치로 이동하기 　• 크기를 '50' 으로 정하기 ② 오브젝트를 클릭했을 때 　• '굵기'에 ' - (ㄹ) ' 만큼 더하기 　• 만일 '굵기' 값 > '0' 이라면 　　- '가늘게' 신호 보내고 기다리기	

유형 5-2

● 완성파일 : 유형5-2.ent

프로젝트 설명

점프를 클릭하면 선수가 위로 이동했다가 다시 아래로 이동한다. 트레이닝콘은 화면 오른쪽에 나타나 왼쪽으로 이동한다. 동전은 화면 오른쪽에 나타나 왼쪽으로 이동하며, 선수에 닿으면 점수를 '3'씩 바꾼다.

【문제 1】 다음 [처리조건]에 따라 배경 및 오브젝트를 설정하시오. (10점)

▶ 배경 설정하기

[처리조건]	[배경]	
① '장면 1'에 '숲속(2)' 배경을 불러오기 　- 이름을 **공원**으로 변경하기 ② '장면 2'에 '운동장' 배경을 불러오기 　- 이름을 '**축구장**'으로 변경하기	① 숲속(2) 	② 운동장 

▶ 오브젝트 설정하기 (오브젝트는 순서대로 불러올 것)

[처리조건]	[오브젝트]	
① '축구선수' 오브젝트를 불러오기 　- 이름을 '**선수**'로 변경하기 ② '체크박스' 오브젝트를 불러오기 　- 이름을 '**버튼**'으로 변경하기 ③ '트레이닝콘' 오브젝트를 불러오기 　- 이름 **변경 없음** ④ '엔트리 동전' 오브젝트를 불러오기 　- 이름을 '**동전**'으로 변경하기 ※ 기존의 '엔트리봇' 오브젝트는 삭제한다.	① 축구선수 	② 체크박스
	③ 트레이닝콘 	④ 엔트리 동전

【문제 2】 [주요블록]을 모두 사용하여 [처리조건]에 따라 오브젝트를 코딩하시오. (80점)

▶ '선수' 오브젝트

 '선수' 오브젝트는 점프 신호를 받으면 y좌표를 '4'만큼 바꾸기를 '30'번 반복하여 올라 갔다가, y좌표를 '-4'만큼 바꾸기를 '30'번 바꿔 내려옵니다.

[처리조건]	[주요블록]
① 시작하기 버튼을 클릭했을 때 　• 크기를 '80' 으로 정하기 　• 'x: -150' y: '-50' 위치로 이동하기 　• 좌우 모양 뒤집기 　• 계속 반복하기 　　- 다음 모양으로 바꾸기 　　- 0.1초 기다리기 ② 점프 신호를 받았을 때 　• 30번 반복하기 　　- y좌표를 '　(ㄱ)　'만큼 바꾸기 　• 30번 반복하기 　　- y좌표를 '　- (ㄴ)　'만큼 바꾸기	

▶ '버튼' 오브젝트

 '버튼' 오브젝트를 클릭하면 '점프' 신호를 보내고 기다린다.

[처리조건]	[주요블록]
① '점프' 신호 만들기 ② 시작하기 버튼을 클릭했을 때 　• 크기를 '50' 으로 정하기 　• 'x: -190' y: '-100' 위치로 이동하기 ③ 오브젝트를 클릭했을 때 　'점프' 신호를 보내고 기다리기	▶ 시작하기 버튼을 클릭했을 때

▶ '트레이닝콘' 오브젝트

 '트레이닝콘' 오브젝트는 '화면 오른쪽'에 나타나 '화면 왼쪽'으로 이동하며 '선수' 오브젝트에 닿으면 다음 장면을 시작합니다.

[처리조건]	[주요블록]
① '점수' 변수 만들기 　(변수 기본값은 '0', '모든 오브젝트에 사용' 설정하기) ② 시작하기 버튼을 클릭했을 때 　• 크기를 '50' 으로 정하기 　• 'x: 220' y: '-70' 위치로 이동하기 　• 계속 반복하기 　　- 2초 동안 x: -220 y: -70 위치로 이동하기 　　- 점수에 '1'만큼 더하기 　　- 'x: 220' y: '-70' 위치로 이동하기 ③ 시작하기 버튼을 클릭했을 때 　• '1'초 기다리기 　• 계속 반복하기 　　- 만일 '선수'에 닿았는가? 라면 　　　└ 다음 장면 시작하기	

▶ '동전' 오브젝트

 '동전' 오브젝트는 '화면 오른쪽'에 나타나 '화면 왼쪽'으로 이동하며 '선수' 오브젝트에 닿으면 점수가 '3'씩 늘어납니다.

[처리조건]	[주요블록]

① 시작하기 버튼을 클릭했을 때
　• 크기를 '30' 으로 정하기
　• 'x: 220' y: '-10' 위치로 이동하기
　• 모양 숨기기
　• 계속 반복하기
　　- '1'부터 3 사이의 무작위 수 초 기다리기
　　- 모양 보이기
　　- 2초 동안 x: -220 y: -10 위치로 이동하기
　　- 모양 숨기기
　　- 'x: 220' y: '-10' 위치로 이동하기
② 시작하기 버튼을 클릭했을 때
　• 계속 반복하기
　　- 만일 '선수'에 닿았는가? 이라면
　　　└ 점수에 '　(ㄷ)　'만큼 더하기
　　　└ 모양 숨기기
	`0 부터 10 사이의 무작위 수`
	`모양 숨기기`
	`계속 반복하기`
	`2 초 동안 x: 10 y: 10 위치로 이동하기`
	`x: 0 y: 0 위치로 이동하기`
	`만일 참 (이)라면`

06 유형분석 장면 2 코딩

장면 2를 선택한 다음 오브젝트를 선택해 제시된 처리조건에 맞춰 코딩합니다. 주요블록에 제시된 명령 블록은 반드시 사용해야 합니다.

 문제 미리 보기

● 준비파일 : 유형분석_06(준비).ent ● 완성파일 : 유형분석_06(완성).ent

【문제 2】 [주요블록]을 모두 사용하여 [처리조건]에 따라 오브젝트를 코딩하시오. (80점)

▶ '꽃밭' 배경

'나비' 오브젝트가 '꽃' 오브젝트 위치에 도착하면 '장면 2'가 시작되고 '꽃의 나라로~!'라고 말합니다.

[처리조건]	[주요블록]
◎ 장면이 시작되었을 때 • 변수 '점수' 숨기기 • '꽃의 나라로~!' 를 '말하기'	 장면이 시작되었을 때

1 장면 2 코딩하기

1 실행 영역에서 [장면 2]를 클릭한 다음 오브젝트 영역에서 '꽃밭' 오브젝트를 선택합니다.

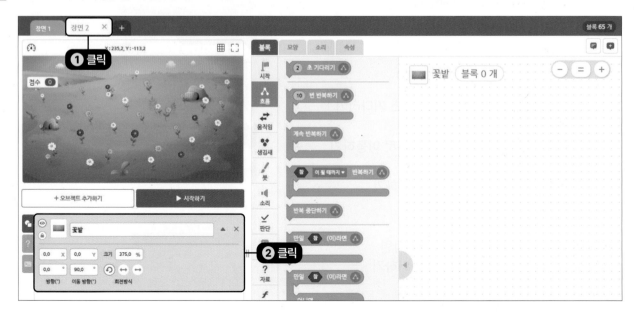

2 [시작] 탭의 [장면이 시작되었을 때] 블록을 작업 영역으로 드래그합니다.

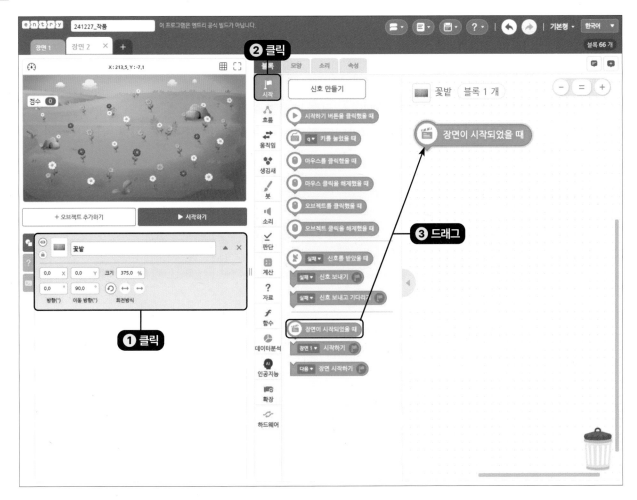

3 [자료] 탭의 [변수 점수 숨기기] 블록을 연결합니다.

4 [생김새] 탭의 [안녕!(을)를 말하기] 블록을 연결한 다음 값에 '꽃의 나라로~!'를 입력합니다.

유 형 익 히 기

● 완성파일 : 유형6-1.ent

프로젝트 설명

화살표의 방향은 계속해서 회전하며, 스페이스 키를 누르면 회전이 멈추고, 화살표의 방향이 가리키는 방향으로 축구공이 날아간다. 골키퍼는 위/아래로 움직이면서 축구공이 날아오는 것을 막는다. 공이 골대에 닿으면 점수가 올라간다.

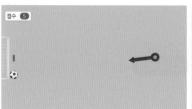  

【문제 1】 다음 [처리조건]에 따라 배경 및 오브젝트를 설정하시오. (10점)

▶ <u>배경 설정하기</u>

[처리조건]	[배경]	
① '장면 1'에 '단색 배경' 배경을 불러오기 - 이름을 '**배경**'으로 변경하기 ② '장면 2'에 '운동장' 배경을 불러오기 - 이름을 '**축구장**'으로 변경하기	① 단색 배경	② 운동장 

▶ <u>오브젝트 설정하기</u> (오브젝트는 순서대로 불러올 것)

[처리조건]	[오브젝트]	
① '룰렛 화살표' 오브젝트를 불러오기 - 이름을 '**화살표**'로 변경하기 ② '축구공' 오브젝트를 불러오기 - 이름 **변경 없음** ③ '바닥' 오브젝트를 불러오기 - 이름을 '**골키퍼**'로 변경하기 ④ '골대(3)' 오브젝트를 불러오기 - 이름을 '**골대**'로 변경하기 ※ 기존의 '엔트리봇' 오브젝트는 삭제한다.	① 룰렛 화살표	② 축구공
	③ 바닥 	④ 골대(3)

【문제 2】 [주요블록]을 모두 사용하여 [처리조건]에 따라 오브젝트를 코딩하시오. (80점)

▶ '화살표' 오브젝트

	'화살표' 오브젝트는 반 시계 방향으로 '5' 만큼 계속 회전하다가 '스페이스' 키를 누르면 회전을 멈춘다.

[처리조건]	[주요블록]

① 시작하기 버튼을 클릭했을 때
• 크기를 '50' 으로 정하기
• 'x: 130' y: '0' 위치로 이동하기
• 계속 반복하기
  - 방향을 ' - (ㄴ) ' 만큼 회전하기
  - 만일 '스페이스' 키가 눌러져 있는가? 라면
    └ '결정' 신호 보내고 기다리기
    └ '준비' 신호 보내기
	방향을 90° 만큼 회전하기 ⟲
	
	q ▾ 키가 눌러져 있는가?
	
	변수 ▾ 에 10 만큼 더하기 ?

▶ '축구공' 오브젝트

⚽	'축구공' 오브젝트는 '화살표' 위치로 이동한 다음 '결정' 신호를 받으면 '화살표'의 방향으로 '3' 만큼 이동한다, '벽'이나 '바닥'에 닿으면 움직임을 멈추고 '골대'에 닿으면 '점수'에 '1'을 더한다.

[처리조건]	[주요블록]

① '횟수' 변수 만들기
  (변수 기본값은 '10', '모든 오브젝트에 사용' 설정하기)
② '점수' 변수 만들기
  (변수 기본값은 '0', '모든 오브젝트에 사용' 설정하기)
③ 시작하기 버튼을 클릭했을 때
  • 크기를 '30' 으로 정하기
  • 'x: 130' y: '0' 위치로 이동하기
④ 준비 신호를 받았을 때
  • '화살표 위치로 이동하기
  • 모양 보이기
⑤ 결정 신호를 받았을 때
  • '횟수'에 '-1'만큼 더하기
  • '벽'에 닿았는가? 이 될 때까지 반복하기
   - 이동 방향을 '화살표의 방향' 으로 정하기
   - 이동 방향으로 ' (ㄱ) '만큼 움직이기
   - 만일 '골키퍼'에 닿았는가? 이라면
    └ 자신의 코드 멈추기
   - 만일 '골대'에 닿았는가? 라면
    └ '점수'에 '1'만큼 더하기
    └ 자신의 코드 멈추기
	크기를 100 (으)로 정하기 ⚙
	
	자신 ▾ 의 x좌푯값 ▾
	
	마우스포인터 ▾ 에 닿았는가?
	
	모양 보이기 ⚙
	
	마우스포인터 ▾ 위치로 이동하기 ⟲

▶ '골키퍼' 오브젝트

'골키퍼' 오브젝트는 위/아래로 움직이면서 날아오는 '축구공' 오브젝트를 막는다.

[처리조건]	[주요블록]
① '준비' 신호 만들기 ② '결정' 신호 만들기 ③ 시작하기 버튼을 클릭했을 때 　• 크기를 '30' 으로 정하기 　• x:'-210' y: '0' 위치로 이동하기 　• 방향을 '90' 으로 정하기 　• 계속 반복하기 　　- '2'초 동안 x: '-200' y: '-50' 위치로 이동하기 　　- '2'초 동안 x: '-200' y: '50' 위치로 이동하기	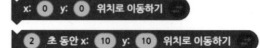

▶ '골대' 오브젝트

 '골대' 오브젝트는 '횟수' 변수를 '10'으로 초기화한 후 '0'이 되면 다음 장면을 시작한다.

[처리조건]	[주요블록]
① 시작하기 버튼을 클릭했을 때 　• 크기를 '90' 으로 정하기 　• 'x: -250' y: '0' 위치로 이동하기 　• '횟수' 변수 숨기기 　• '횟수'를 '10' 으로 정하기 　• '횟수' 값 < '0' 이 될 때까지 기다리기 　• 다음 장면 시작하기	 변수 변수 ▾ 숨기기　? 참　이(가) 될 때까지 기다리기

▶ '운동장' 배경

 '횟수' 변수가 '0' 보다 작으면 '장면 2'가 시작되고 '점수' 값을 말한다.

[처리조건]	[주요블록]
◎ 장면이 시작되었을 때 　• 변수 '점수' 숨기기 　• '점수'를 4초 동안 말하기	장면이 시작되었을 때

유형 6-2

● 완성파일 : 유형6-2.ent

프로젝트 설명

방향키를 눌러 열기구를 이동한다. 구슬은 화면 왼쪽과 오른쪽으로 이동하며 열기구가 미로나 구슬에 닿으면 출발로 이동한다.

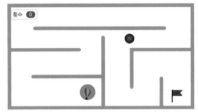  

【문제 1】 다음 [처리조건]에 따라 배경 및 오브젝트를 설정하시오. (10점)

▶ **배경 설정하기**

[처리조건]	[배경]	

① '장면 1'에 '미로(1)' 배경을 불러오기
  - 이름을 '**미로**'로 변경하기
② '장면 2'에 '과자나라 풍경' 배경을 불러오기
  - 이름을 '**과자나라**'로 변경하기
	미로(1)	과자나라 풍경

▶ **오브젝트 설정하기** (오브젝트는 순서대로 불러올 것)

[처리조건]	[오브젝트]	

① '열기구' 오브젝트를 불러오기
  - 이름 **변경 없음**
② '동그란 버튼' 오브젝트를 불러오기
  - 이름을 '**구슬**'로 변경하기
③ '화살표 버튼' 오브젝트를 불러오기
  - 이름을 '**출발**'로 변경하기
④ '깃발' 오브젝트를 불러오기
  - 이름을 '**도착**'으로 변경하기
※ 기존의 '엔트리봇' 오브젝트는 삭제한다.
	① 열기구 	② 동그란 버튼

	③ 화살표 버튼	④ 깃발

【문제 2】 [주요블록]을 모두 사용하여 [처리조건]에 따라 오브젝트를 코딩하시오. (80점)

▶ '열기구' 오브젝트

'열기구' 오브젝트는 키보드의 방향키를 누를 때마다 '3'만큼 움직이며, '미로' 오브젝트나 '구슬' 오브젝트에 닿으면 '출발' 오브젝트의 위치로 이동한다.

[처리조건]	[주요블록]
① '다시시작' 신호 만들기 ② 시작하기 버튼을 클릭했을 때 　• 크기를 '25'로 정하기 　• x: '-35' y: '-90' 위치로 이동하기 ③ 시작하기 버튼을 클릭했을 때 　• 계속 반복하기 　　- 만일 '위쪽 화살표' 키가 눌러져 있는가? 이라면 　　　└ y 좌표를 '　(ㄱ)　' 만큼 바꾸기 　　- 만일 '아래쪽 화살표' 키가 눌러져 있는가? 이라면 　　　└ y 좌표를 '　-(ㄴ)　' 만큼 바꾸기 　　- 만일 '오른쪽 화살표' 키가 눌러져 있는가? 이라면 　　　└ x 좌표를 '　(ㄷ)　' 만큼 바꾸기 　　- 만일 '왼쪽 화살표' 키가 눌러져 있는가? 이라면 　　　└ x 좌표를 '　-(ㄹ)　' 만큼 바꾸기 　　- 만일 '미로'에 닿았는가? 이라면 　　　└ '다시시작' 신호 보내기 ④ 다시시작 신호를 받았을 때 　• x: '-35' y: '-90' 위치로 이동하기	

▶ '구슬' 오브젝트

시작하기 버튼을 클릭하면 화면의 왼쪽과 오른쪽으로 이동하면서 '열기구' 오브젝트가 이동하는 것을 방해한다.

[처리조건]	[주요블록]
① '횟수' 변수 만들기 (변수 기본값은 '0', '모든 오브젝트에 사용' 설정하기) ② 시작하기 버튼을 클릭했을 때 　• 크기를 '25'로 정하기 　• x: '-35' y: '50' 위치로 이동하기 　• 계속 반복하기 　　- 이동 방향으로 '2'만큼 움직이기 　　- 만일 '열기구'에 닿았는가? 라면 　　　└ '다시시작' 신호 보내기 　　- 화면 끝에 닿으면 튕기기 ③ 다시시작 신호를 받았을 때 　• '횟수'에 '1' 만큼 더하기	

▶ '출발' 오브젝트

 시작하기 버튼을 클릭하면 좌우 모양을 바꾸고 '횟수' 값이 '10'보다 크면 모든 코드를 멈춘다.

[처리조건]	[주요블록]

① 시작하기 버튼을 클릭했을 때
• 크기를 '40' 으로 정하기
• x: '-35' y: '-90' 위치로 이동하기
• 좌우 모양 뒤집기
• 계속 반복하기
  - 만일 '횟수' > '10' 이라면
    └ '실패'를 '2' 초 동안 말하기
    └ 모든 코드 멈추기
	크기를 100 (으)로 정하기
	
	만일 참 (이)라면
	
	10 > 10
	
	모든▾ 코드 멈추기

▶ '도착' 오브젝트

 '열기구' 오브젝트가 '깃발' 오브젝트에 닿으면 다음 장면을 시작한다.

[처리조건]	[주요블록]

① 시작하기 버튼을 클릭했을 때
• 크기를 '30'으로 정하기
• x: '195' y: '-100' 위치로 이동하기
• 계속 반복하기
  - 만일 '열기구'에 닿았는가? 라면
    └ '목적지에 도착했다'를 '2'초 동안 말하기
    └ 다음 장면 시작하기

▶ '과자나라' 배경

'열기구' 오브젝트가 '깃발' 오브젝트 위치에 도착하면 '장면 2'가 시작되고
'과자의 나라에 도착~!'이라고 말한다.

[처리조건]	[주요블록]
◎ 장면이 시작되었을 때 • 변수 '횟수' 숨기기 • '과자의 나라에 도착~!'울 '4'초 동안 말하기	장면이 시작되었을 때

프로젝트 개선

문제에 제시된 내용을 확인하여 처리 건에 맞춰 코딩을 개선합니다. 주요 블록에 사용된 명령 블록은 모두 사용합니다.

문제 미리 보기

● 준비파일 : 유형분석_07(준비).ent   ● 완성파일 : 유형분석_07(완성).ent

【문제 3】 [주요블록]을 모두 사용하여 [처리조건]에 따라 프로젝트를 개선하시오. (10점)

▶ '꽃밭' 배경

 프로젝트를 다시 시작하려면 프로그램을 정지하고 프로그램을 시작해야 해서 불편하다. '장면 2'에서 '꽃밭' 배경을 클릭하면 처음부터 다시 실행하도록 하려고 한다.

[처리조건]	[주요블록]
◎ 오브젝트를 클릭했을 때 • '색깔' 효과를 '30' 으로 정하기 • '처음부터 다시 실행합니다.' 를 '말하기' • '2' 초 기다리기 • 처음부터 다시 실행하기	처음부터 다시 실행하기 안녕! 을(를) 말하기 ▼

1 문제 개선하기

1 [장면 2]의 '꽃밭' 오브젝트를 선택한 다음 [시작] 탭의 [오브젝트를 클릭했을 때] 블록을 작업 영역으로 드래그합니다.

2 [생김새] 탭의 [색깔 효과를 10 만큼 주기] 블록을 연결한 다음 값에 '30'을 입력합니다.

3 [생김새] 탭의 [안녕!(을)를 말하기] 블록을 연결한 다음 값에 '처음부터 다시 실행합니다.'를 입력합니다.

4 [흐름] 탭의 [2초 기다리기] 명령을 연결합니다.

5 [흐름] 탭의 [처음부터 다시 실행하기] 블록을 연결합니다.

2 테스트와 저장하기

1 [장면 1]을 선택한 다음 [시작하기(▶)] 버튼을 클릭해 실행해 오류가 있는지 확인합니다. [정지하기(■)] 버튼을 클릭해 종료합니다.

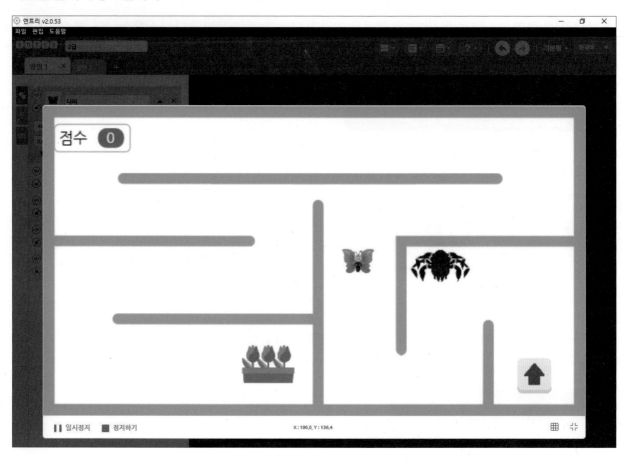

2 완성된 작품을 저장하기 위해 [파일] 메뉴의 [저장하기]를 클릭합니다.

3 내 컴퓨터나 탐색기를 실행해 파일이 저장되었는지 확인합니다.

유형 7-1

● 완성파일 : 유형7-1.ent

프로젝트 설명

'시작' 오브젝트를 클릭하면 '바구니' 오브젝트가 '마우스포인터'를 따라 왼쪽과 오른쪽으로 움직인다. '물풍선' 오브젝트는 화면 위쪽에 나타나 아래쪽으로 이동하며 '바구니' 오브젝트에 닿으면 체력을 줄인다. '계란' 오브젝트는 화면 위쪽에 나타나 아래쪽으로 이동하며 '바구니'에 닿으면 '점수'를 늘린다.

【문제 1】 다음 [처리조건]에 따라 배경 및 오브젝트를 설정하시오. (10점)

▶ 배경 설정하기

[처리조건]	[배경]	

① '장면 1'에 '[묶음] 무인도' 배경을 불러오기
  - 이름을 '**무인도**'로 변경하기
② '장면 2'에 '길거리(1)' 배경을 불러오기
  - 이름을 '**길거리**'로 변경하기
	① [묶음] 무인도

		② 길거리(1)

▶ <u>오브젝트 설정하기</u> (오브젝트는 순서대로 불러올 것)

[처리조건]	[오브젝트]	

① '물풍선' 오브젝트를 불러오기
  - 이름 **변경 없음**
② '시작 버튼' 오브젝트를 불러오기
  - 이름을 '**시작**'으로 변경하기
② '바구니' 오브젝트를 불러오기
  - 이름 **변경 없음**
② '계란' 오브젝트를 불러오기
  - 이름 **변경 없음**
※ 기존의 '엔트리봇' 오브젝트는 삭제한다.
	① 물풍선
	
		② 시작 버튼

	② 바구니 	② 계란

【문제 2】 [주요블록]을 모두 사용하여 [처리조건]에 따라 오브젝트를 코딩하시오. (80점)

▶ '물풍선' 오브젝트

'물풍선' 오브젝트는 '화면 위쪽'에 나타나며 '바구니' 오브젝트에 닿으면 체력을 '1'씩 줄어든다. '게임시작' 신호를 받으면 아래쪽 벽에 닿을 때까지 아래로 '3'씩 움직인다.

[처리조건]	[주요블록]

① '체력' 변수 만들기
(변수 기본값은 '3', '모든 오브젝트에 사용' 설정하기)
② 시작하기 버튼을 클릭했을 때
• 크기를 30으로 정하기
• x: -220부터 220 사이의 무작위 수
• y: 130 위치로 이동하기
• 모양 숨기기
• 계속 반복하기
  - 만일 '바구니'에 닿았는가? 라면
    └ '체력에 ' - (ㄱ) '만큼 더하기
    └ x: '-220 부터 220' 사이의 무작위 수
      y: '130' 위치로 이동하기
③ 게임시작 신호를 받았을 때
• '1 부터 3' 사이의 무작위 수 초 기다리기
• 계속 반복하기
  - 모양 보이기
  - y 좌표를 - (ㄴ) 만큼 바꾸기
  - 만일 아래쪽 벽에 닿았는가? 라면
    └ x: '-220 부터 220' 사이의 무작위 수
      y: '130' 위치로 이동하기
    └ 모양 숨기기
    └ '1 부터 3' 사이의 무작위 수 초 기다리기

▶ '시작' 오브젝트

 '시작' 오브젝트를 클릭하면 '게임시작' 신호를 보내고 화면에서 숨긴다.

[처리조건]	[주요블록]
① '게임시작' 신호 만들기 ② 시작하기 버튼을 클릭했을 때 • 크기를 '90' 으로 정하기 • x: 0 y: -20 위치로 이동하기 ③ 오브젝트를 클릭했을 때 • '게임시작' 신호 보내기 • 모양 숨기기	

▶ '바구니' 오브젝트

 '바구니' 오브젝트는 '화면 가운데'에 나타나며, 마우스를 따라 왼쪽과 오른쪽으로만 움직인다.

[처리조건]	[주요블록]

① '점수' 변수 만들기
 (변수 기본값은 '0', '모든 오브젝트에 사용' 설정하기)
 ② 시작하기 버튼을 클릭했을 때
 • 크기를 '40' 으로 정하기
 • x: 0 y: -110 위치로 이동하기
 • '체력' 변수 숨기기
 • 계속 반복하기
   - 만일 '체력' 값 < '1' 이라면
      └ 다음 장면 시작하기
 ③ 게임시작 신호를 받았을 때
 • 계속 반복하기
   - x: '마우스 x좌표' 위치로 이동하기
	크기를 100 (으)로 정하기
	
	 x: 0 y: 0 위치로 이동하기
	
	 10 < 10
	
	 마우스 x ▾ 좌표

▶ '계란' 오브젝트

 '계란' 오브젝트는 '화면 위쪽'에 나타나며, '아래쪽 벽'에 닿으면 '체력' 값이 '1'씩 줄어든다.

[처리조건]	[주요블록]

① 시작하기 버튼을 클릭했을 때
 • 크기를 '30' 으로 정하기
 • x: '-220 부터 220' 사이의 무작위 수
   y: '130' 위치로 이동하기
 • 계속 반복하기
   - 만일 바구니에 닿았는가? 라면
      └ 점수에 '1'만큼 더하기
      └ x: -220부터 220 사이의 무작위 수
        y: '130' 위치로 이동하기
 ② 게임시작 신호를 받았을 때
 • 계속 반복하기
   - y 좌표를 '-3'만큼 바꾸기
   - 만일 아래쪽 벽에 닿았는가? 라면
      └ 체력에 ' - (ㄷ) '만큼 더하기
      └ x: -220부터 220 사이의 무작위 수
        y: '130' 위치로 이동하기
	크기를 100 (으)로 정하기
	
	 x: 0 y: 0 위치로 이동하기
	
	 0 부터 10 사이의 무작위 수
	
	 계속 반복하기
	
	 y 좌표를 10 만큼 바꾸기
	
	 마우스포인터 ▾ 에 닿았는가?

▶ '길거리' 배경

 장면이 시작되면 변수 '점수'를 숨기고 '점수' 값을 말한다.

[처리조건]	[주요블록]
◎ 장면이 시작되었을 때 • 변수 '점수' 숨기기 • '성공했습니다!'를 '2'초 동안 말하기	

【문제 3】 [주요블록]을 모두 사용하여 [처리조건]에 따라 프로젝트를 개선하시오. (10점)

▶ '길거리' 배경

 프로젝트를 다시 시작하려면 프로그램을 정지하고 프로그램을 시작해야 해서 불편하다. '장면 2'에서 '길거리' 배경을 클릭하면 처음부터 다시 실행하도록 하려고 한다.

[처리조건]	[주요블록]
◎ 오브젝트를 클릭했을 때 • 색깔 효과를 '30'만큼 주기 • '처음부터 다시 실행!'을 말하기 • '2'초 기다리기 • 처음부터 다시 실행하기	처음부터 다시 실행하기 ∧ 안녕! 을(를) 말하기 ▼

CHAPTER 2

공개 및 기출문제

코딩활용능력
(CAT; CODING ABILITY TEST)

◉ 시험과목 : 코딩활용능력 2급 (엔트리)
◉ 시험일자 : 2024. 00. 00.(토)
◉ 응시자 기재사항 및 감독위원 확인

수 검 번 호	CAT - 2400 -	감독위원 확인
성 명		

응시자 유의사항

1. 응시자는 신분증 또는 동등한 자격을 갖춘 증빙서류를 지참하여야 시험에 응시할 수 있으며, 시험이 종료될 때까지 신분증을 제시하지 못할 경우 해당 시험은 0점 처리됩니다.

2. 시스템(PC 작동 여부, 네트워크 상태 등)의 이상 여부를 반드시 확인하여야 하며, 시스템 이상이 있을 시 감독위원에게 조치를 받으셔야 합니다.

3. 시험 중 시스템 오류 또는 시스템 다운 증상에 대해서는 응시자 본인에게 책임이 있습니다.

4. 시험 중 부주의 또는 고의로 시스템을 파손한 경우는 응시자 부담으로 합니다.

5. **엔트리 버전은 최소 2.0.53 이상을 사용**하여야 하며, 답안 전송 프로그램을 통하여 배포 받은 파일에 답안을 작성하시기 바랍니다. 감독위원의 지시에 따라 주시기 바랍니다.

6. 작성한 답안 파일은 답안 전송 프로그램을 통하여 자동으로 전송됩니다.

7. 다음 사항의 경우 실격(0점) 혹은 부정행위 처리됩니다.
   ❶ 답안을 저장하지 않았거나, 저장한 파일이 손상되었을 경우
   ❷ 답안 파일을 다른 보조 기억장치(USB) 혹은 네트워크(메신저, 게시판 등)로 전송할 경우
   ❸ 휴대용 전화기 등 통신장비를 사용할 경우

8. 시험을 완료한 응시자는 답안을 저장하고, 답안 파일이 전송되었는지 확인한 후 감독위원의 지시에 따라 문제지를 제출한 후 퇴실하여야 합니다.

9. 시험시간이 종료된 이후에는 답안의 수정 또는 정정이 불가합니다.

10. 시험시행 후 결과는 홈페이지(www.ihd.or.kr)에서 확인하시기 바랍니다.
    ❶ 문제 및 정답 공개 : 2024. 00. 00.(화)
    ❷ 합격자 발표 : 2024. 00. 00.(금)

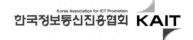

Korea Association for ICT Promotion
한국정보통신진흥협회 KAIT

유 의 사 항

- 각 문제의 정답은 다음과 같은 규칙으로 ENT 파일을 저장하시오.
  - 저장 위치 : 바탕 화면 > KAIT > 제출파일 폴더
  - 파일명 : CAT-수검번호-이름.ent
    ※ 예시 : 수검번호가 CAT-2400-000000이고 수험자 이름이 홍길동인 경우
    " **CAT-000000-홍길동.ent** "로 저장할 것
- 수검 시 **지문 순서대로 작업**하며, 오브젝트 및 블록 등을 임의 추가 시 감점 처리됨
- 【문제 2~3】은 블록코딩을 원칙으로 하며, 오브젝트 설정 창에서 설정 시 감점 처리됨

프로젝트 설명

병아리가 먹을 것을 찾고 있다. 모이와 돌멩이 중에 어떤 것을 먹어야 할까?
모이를 먹으면 성장 값이 20씩 증가하고 돌멩이를 먹으면 20씩 감소한다.
모이를 먹은 병아리는 쑥쑥 자라나 성장 값이 100이 되면 닭이 되어 꼬끼오~!하고 운다.

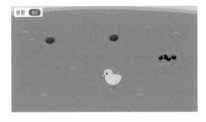  

【문제 1】 다음 [처리조건]에 따라 배경 및 오브젝트를 설정하시오. (10점)

▶ 배경 설정하기

[처리조건]	[배경]	
① '장면1'에 '잔디밭' 배경을 불러오기 - 이름을 '**들판**'으로 변경하기 ② '장면2'에 '잔디 언덕(2)' 배경을 불러오기 - 이름을 '**숲**'으로 변경하기	① 잔디밭 	② 잔디 언덕(2) 

▶ 오브젝트 설정하기 (오브젝트는 순서대로 불러올 것)

[처리조건]	[오브젝트]	
① '검은콩' 오브젝트를 불러오기 - 이름을 '**모이**'로 변경하기 ② '검은 돌멩이' 오브젝트를 불러오기 - 이름을 '**돌멩이**'로 변경하기 ③ '병아리' 오브젝트를 불러오기 - 이름 **변경 없음** ④ '암탉(2)' 오브젝트를 불러오기 - 이름을 '**닭**'으로 변경하기 ※ 기존의 '엔트리봇' 오브젝트는 삭제한다.	① 검은콩 	② 검은 돌멩이
	③ 병아리 	④ 암탉(2)

【문제 2】 [주요블록]을 모두 사용하여 [처리조건]에 따라 오브젝트를 코딩하시오. (80점)

▶ '모이' 오브젝트

 '모이' 오브젝트는 '무작위 수'에 나타나며, '2'초마다 복제하여 나타난다.
'병아리' 오브젝트에 닿으면 '성장' 값이 '20'씩 늘어난다.

[처리조건]	[주요블록]

① '성장' 변수 만들기
(변수 기본 값은 '0', '모든 오브젝트에 사용' 설정하기)
② 시작하기 버튼을 클릭했을 때
  • 모양 숨기기
  • 크기를 '30' 으로 정하기
  • 계속 반복하기
   - x: '-200 부터 200 사이의 무작위 수'
    y: '-120 부터 120 사이의 무작위 수'
    위치로 이동하기
   - '2' 초 기다리기
   - '모이' 의 복제본 만들기
③ 복제본이 처음 생성되었을 때
  • 모양 보이기
  • 계속 반복하기
   - 만일 '병아리' 에 닿았다면
    └ '성장' 에 ' (ㄱ) ' 만큼 더하기
    └ 이 복제본 삭제하기

▶ '돌멩이' 오브젝트

 '돌멩이' 오브젝트는 '무작위 수'에 나타나며, '3'초마다 복제하여 나타난다.
'병아리' 오브젝트에 닿으면 '성장' 값이 '20'씩 줄어든다.

[처리조건]	[주요블록]

① 시작하기 버튼을 클릭했을 때
  • 모양 숨기기
  • 크기를 '20' 으로 정하기
  • 계속 반복하기
   - x: '-200 부터 200 사이의 무작위 수'
    y: '-120 부터 120 사이의 무작위 수'
    위치로 이동하기
   - '3' 초 기다리기
   - '돌멩이' 의 복제본 만들기
② 복제본이 처음 생성되었을 때
  • 모양 보이기
  • 계속 반복하기
   - 만일 '병아리' 에 닿았다면
    └ '성장' 에 '-20' 만큼 더하기
    └ 이 복제본 삭제하기

▶ '병아리' 오브젝트

병아리' 오브젝트는 '왼쪽, 오른쪽, 위, 아래'로 이동하며, '모이' 오브젝트를 먹고 성장한다. '성장' 값이 '100'이 되면 '닭' 오브젝트로 변한다.

[처리조건]	[주요블록]
① '성공' 신호 만들기 ② 시작하기 버튼을 클릭했을 때 　• x: '100' y: '60' 위치로 이동하기 　• 크기를 '50' 으로 정하기 　• 계속 반복하기 　　- 만일 '왼쪽 화살표' 키가 눌러졌다면 　　　└ x 좌표를 '-5' 만큼 바꾸기 　　- 만일 '오른쪽 화살표' 키가 눌러졌다면 　　　└ x 좌표를 '5' 만큼 바꾸기 　　- 만일 '위쪽 화살표' 키가 눌러졌다면 　　　└ y 좌표를 '5' 만큼 바꾸기 　　- 만일 '아래쪽 화살표' 키가 눌러졌다면 　　　└ y 좌표를 '-5' 만큼 바꾸기 　　- 만일 '성장' 값 = ' (ㄴ) ' 이라면 　　　└ 모양 숨기기 　　　└ '성공' 신호 보내기	계속 반복하기 x: 0 y: 0 위치로 이동하기 크기를 0 (으)로 정하기 y 좌표를 0 만큼 바꾸기 스페이스 ▼ 키가 눌러져 있는가? 변수 ▼ 값 0 = 0 ▶ 시작하기 버튼을 클릭했을 때

▶ '닭' 오브젝트

'닭' 오브젝트는 '병아리' 오브젝트의 성장 값이 '100'이 되면 '꼬끼오~!'라고 말하며 나타난다. '2'초 뒤 '다음' 장면이 시작된다.

[처리조건]	[주요블록]
① 시작하기 버튼을 클릭했을 때 　• 모양 숨기기 ② '성공' 신호를 받았을 때 　• '병아리' 위치로 이동하기 　• 모양 보이기 　• '꼬끼오~!' 를 '말하기' 　• '다른 오브젝트의' 코드 멈추기 　• ' (ㄷ) ' 초 기다리기 　• '다음' 장면 시작하기	

▶ '숲' 배경

'병아리' 오브젝트가 성장하여 '닭' 오브젝트가 되면 '장면 2'가 시작되고
'미션 성공!'이라고 말한다.

[처리조건]	[주요블록]
◎ 장면이 시작되었을 때 　• 변수 '성장' 숨기기 　• '미션 성공!' 을 '말하기'	장면이 시작되었을 때

【문제 3】 [주요블록]을 모두 사용하여 [처리조건]에 따라 프로젝트를 개선하시오. (10점)

▶ '숲' 배경

프로젝트를 다시 시작하려면 프로그램을 정지하고 프로그램을 시작해야 해서 불편하다.
'장면 2'에서 '숲' 배경을 클릭하면 처음부터 다시 실행하도록 하려고 한다.

[처리조건]	[주요블록]
◎ 오브젝트를 클릭했을 때 　• '색깔' 효과를 '35' 만큼 주기 　• '처음부터 다시 실행합니다.' 를 '말하기' 　• '2' 초 기다리기 　• 처음부터 다시 실행하기	처음부터 다시 실행하기 색깔 ▼ 효과를 0 (으)로 정하기

코딩활용능력
(CAT; CODING ABILITY TEST)

◉ 시험과목 : 코딩활용능력 2급 (엔트리)
◉ 시험일자 : 2024. 00. 00.(토)
◉ 응시자 기재사항 및 감독위원 확인

수 검 번 호	CAT - 2400 -	감독위원 확인
성 명		

응시자 유의사항

1. 응시자는 신분증 또는 동등한 자격을 갖춘 증빙서류를 지참하여야 시험에 응시할 수 있으며, 시험이 종료될 때까지 신분증을 제시하지 못할 경우 해당 시험은 0점 처리됩니다.

2. 시스템(PC 작동 여부, 네트워크 상태 등)의 이상 여부를 반드시 확인하여야 하며, 시스템 이상이 있을 시 감독위원에게 조치를 받으셔야 합니다.

3. 시험 중 시스템 오류 또는 시스템 다운 증상에 대해서는 응시자 본인에게 책임이 있습니다.

4. 시험 중 부주의 또는 고의로 시스템을 파손한 경우는 응시자 부담으로 합니다.

5. 엔트리 버전은 최소 2.0.53 이상을 사용하여야 하며, 답안 전송 프로그램을 통하여 배포 받은 파일에 답안을 작성하시기 바랍니다. 감독위원의 지시에 따라 주시기 바랍니다.

6. 작성한 답안 파일은 답안 전송 프로그램을 통하여 자동으로 전송됩니다.

7. 다음 사항의 경우 실격(0점) 혹은 부정행위 처리됩니다.
   ❶ 답안을 저장하지 않았거나, 저장한 파일이 손상되었을 경우
   ❷ 답안 파일을 다른 보조 기억장치(USB) 혹은 네트워크(메신저, 게시판 등)로 전송할 경우
   ❸ 휴대용 전화기 등 통신장비를 사용할 경우

8. 시험을 완료한 응시자는 답안을 저장하고, 답안 파일이 전송되었는지 확인한 후 감독위원의 지시에 따라 문제지를 제출한 후 퇴실하여야 합니다.

9. 시험시간이 종료된 이후에는 답안의 수정 또는 정정이 불가합니다.

10. 시험시행 후 결과는 홈페이지(www.ihd.or.kr)에서 확인하시기 바랍니다.
   ❶ 문제 및 정답 공개 : 2024. 00. 00.(화)
   ❷ 합격자 발표 : 2024. 00. 00.(금)

유 의 사 항
- 각 문제의 정답은 다음과 같은 규칙으로 ENT 파일을 저장하시오.
  - 저장 위치 : 바탕 화면 > KAIT > 제출파일 폴더
  - 파일명 : CAT-수검번호-이름.ent
  ※ 예시 : 수검번호가 CAT-2400-000000이고 수험자 이름이 홍길동인 경우
  " **CAT-000000-홍길동.ent** "로 저장할 것
- 수검 시 **지문 순서대로 작업**하며, 오브젝트 및 블록 등을 임의 추가 시 감점 처리됨
- 【문제 2~3】은 블록코딩을 원칙으로 하며, 오브젝트 설정 창에서 설정 시 감점 처리됨

프로젝트 설명

아날로그시계는 숫자와 눈금이 표시된 시계판과 시를 나타내는 시침, 분을 나타내는 분침, 초를 나타내는 초침으로 구성된다. 시계가 현재 시각을 나타내도록 하고, 시계를 클릭하면 현재 시각이 오전인지 오후인지 알려주도록 한다. 시계를 클릭하면 장면이 바뀌고, 바뀐 장면을 클릭하면 처음으로 장면으로 되돌아간다

【문제 1】 다음 [처리조건]에 따라 배경 및 오브젝트를 설정하시오. (10점)

▶ 배경 설정하기

[처리조건]	[배경]	
① '장면1'에 '교실 뒤(2)' 배경을 불러오기 - 이름을 **'교실'**로 변경하기 ② '장면2'에 '교실(2)' 배경을 불러오기 - 이름을 **'수업 시작'**으로 변경하기	① 교실 뒤(2)	② 교실(2)

▶ 오브젝트 설정하기 (오브젝트는 순서대로 불러올 것)

[처리조건]	[오브젝트]	
① '시계판' 오브젝트를 불러오기 - 이름 **변경 없음** ② '시계 바늘(시침)' 오브젝트를 불러오기 - 이름을 **'시침'**으로 변경하기 ③ '시계 바늘(분침)' 오브젝트를 불러오기 - 이름을 **'분침'**으로 변경하기 ④ '시계 바늘(초침)' 오브젝트를 불러오기 - 이름을 **'초침'**으로 변경하기 ※ 기존의 '엔트리봇' 오브젝트는 삭제한다.	① 시계판	② 시계 바늘(시침)
	③ 시계 바늘(분침) 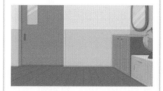	④ 시계 바늘(초침) 

【문제 2】 [주요블록]을 모두 사용하여 [처리조건]에 따라 오브젝트를 코딩하시오. (80점)

▶ '시계판' 오브젝트

 '시계를 클릭하면 수업이 시작돼요.'라고 알려준다.
'시계판'을 클릭하면 '다음' 장면이 시작된다.

[처리조건]	[주요블록]
① '구분' 변수 만들기 (변수 기본 값은 '0', '모든 오브젝트에 사용' 설정하기) ② '수업시작' 신호 만들기 ③ 시작하기 버튼을 클릭했을 때 • x: '30' y: '55' 위치로 이동하기 • 크기를 '120' 으로 정하기 • '시계를 클릭하면 수업이 시작돼요.' 를 '3' 초 동안 '말하기' ④ 오브젝트를 클릭했을 때 • '수업시작' 신호 보내기	

▶ '시침' 오브젝트

| '시침'의 방향은 시각(시)에서 '30'을 곱하면 된다. 시각(시)이 밤 12시(자정)부터 낮 12시(정오)까지는 오전이고, 낮 12시(정오)부터 밤 12시(자정)까지는 오후가 된다. |

[처리조건]	[주요블록]

① '시' 변수 만들기
(변수 기본 값은 '0', '모든 오브젝트에 사용' 설정하기)
② 시작하기 버튼을 클릭했을 때
 • x좌표 '30' y좌표 '55' 위치로 이동하기
 • 크기를 '120' 으로 정하기
 • 계속 반복하기
  - 방향을 현재 '시각(시)' x ' (ㄱ) ' 으로 정하기
  - '시'를 현재 '시각(시)' 으로 정하기
  - 변수 '시' 보이기
  - 만일 '시' 값 > '12' 라면
   └ '구분' 을 '오후 '로 정하기
   └ '시' 에 '-12' 만큼 더하기
  - 아니면
   └ '구분' 을 '오전' 으로 정하기

▶ '분침' 오브젝트

'분침'이 가리키는 작은 눈금 한 칸은 1분을 나타낸다. '분침'이 시계를 한 바퀴(360도)를 도는데 걸리는 시간은 60분이므로, '분침'의 방향은 시각(분)에서 '6'을 곱하면 된다.

[처리조건]	[주요블록]

① '분' 변수 만들기
(변수 기본 값은 '0', '모든 오브젝트에 사용' 설정하기)
② 시작하기 버튼을 클릭했을 때
• x좌표 '30' y좌표 '55' 위치로 이동하기
• 크기를 '120' 으로 정하기
• 계속 반복하기
  - 방향을 현재 '시각(분)' x ' (ㄴ) ' 으로 정하기
  - '분' 을 현재 '시각(분)' 으로 정하기
  - 변수 '분' 보이기

▶ '초침' 오브젝트

'초침'이 가리키는 작은 눈금 한 칸은 1초를 나타낸다. '초침'이 시계를 한 바퀴(360도)를 도는데 걸리는 시간은 1분이므로, '초침'의 방향은 시각(초)에서 '6'을 곱하면 된다.

[처리조건]	[주요블록]

① '초' 변수 만들기
(변수 기본 값은 '0', '모든 오브젝트에 사용' 설정하기)
② 시작하기 버튼을 클릭했을 때
• x좌표 '30' y좌표 '55' 위치로 이동하기
• 크기를 '120' 으로 정하기
• 계속 반복하기
  - 방향을 현재 '시각(초)' x ' (ㄷ) ' 으로 정하기
  - '초' 를 현재 '시각(초)' 으로 정하기
  - 변수 '초' 보이기
③ '수업시작' 신호를 받았을 때
• '다음' 장면 시작하기

▶ '수업 시작' 배경

'시계판'을 클릭하면 수업이 시작된다고 알려준다.
'시계판'을 클릭하면 '장면 2'가 시작된다.

[처리조건]	[주요블록]
◎ 장면이 시작되었을 때 　• '구분' 숨기기 　• '시' 숨기기 　• '분' 숨기기 　• '초' 숨기기	장면이 시작되었을 때 변수 변수 ▾ 숨기기 ?

【문제 3】 [주요블록]을 모두 사용하여 [처리조건]에 따라 프로젝트를 개선하시오. (10점)

▶ '수업 시작' 배경

프로젝트를 다시 시작하려면 프로그램을 정지하고 프로그램을 시작해야 해서 불편하다.
그래서 '장면 2'에서 '수업 시작' 배경을 클릭하면 처음부터 다시 실행하도록 프로젝트를
개선하려고 한다.

[처리조건]	[주요블록]
◎ 오브젝트를 클릭했을 때 　• '색깔' 효과를 '60' 으로 정하기 　• '처음부터 다시 실행합니다.' 를 '말하기' 　• '2' 초 기다리기 　• 처음부터 다시 실행하기	처음부터 다시 실행하기 ∧ 색깔 ▾ 효과를 0 (으)로 정하기

코딩활용능력
(CAT; CODING ABILITY TEST)

● 시험과목 : 코딩활용능력 2급 (엔트리)
● 시험일자 : 2024. 00. 00.(토)
● 응시자 기재사항 및 감독위원 확인

수 검 번 호	CAT - 2400 -	감독위원 확인
성 명		

응시자 유의사항

1. 응시자는 신분증 또는 동등한 자격을 갖춘 증빙서류를 지참하여야 시험에 응시할 수 있으며, 시험이 종료될 때까지 신분증을 제시하지 못할 경우 해당 시험은 0점 처리됩니다.

2. 시스템(PC 작동 여부, 네트워크 상태 등)의 이상 여부를 반드시 확인하여야 하며, 시스템 이상이 있을 시 감독위원에게 조치를 받으셔야 합니다.

3. 시험 중 시스템 오류 또는 시스템 다운 증상에 대해서는 응시자 본인에게 책임이 있습니다.

4. 시험 중 부주의 또는 고의로 시스템을 파손한 경우는 응시자 부담으로 합니다.

5. **엔트리 버전은 최소 2.0.53 이상을 사용**하여야 하며, 답안 전송 프로그램을 통하여 배포 받은 파일에 답안을 작성하시기 바랍니다. 감독위원의 지시에 따라 주시기 바랍니다.

6. 작성한 답안 파일은 답안 전송 프로그램을 통하여 자동으로 전송됩니다.

7. 다음 사항의 경우 실격(0점) 혹은 부정행위 처리됩니다.

   ❶ 답안을 저장하지 않았거나, 저장한 파일이 손상되었을 경우

   ❷ 답안 파일을 다른 보조 기억장치(USB) 혹은 네트워크(메신저, 게시판 등)로 전송할 경우

   ❸ 휴대용 전화기 등 통신장비를 사용할 경우

8. 시험을 완료한 응시자는 답안을 저장하고, 답안 파일이 전송되었는지 확인한 후 감독위원의 지시에 따라 문제지를 제출한 후 퇴실하여야 합니다.

9. 시험시간이 종료된 이후에는 답안의 수정 또는 정정이 불가합니다.

10. 시험시행 후 결과는 홈페이지(www.ihd.or.kr)에서 확인하시기 바랍니다.

    ❶ 문제 및 정답 공개 : 2024. 00. 00.(화)

    ❷ 합격자 발표 : 2024. 00. 00.(금)

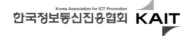

한국정보통신진흥협회 Korea Association for ICT Promotion KAIT

유의사항

- 각 문제의 정답은 다음과 같은 규칙으로 ENT 파일을 저장하시오.
  - 저장 위치 : 바탕 화면 > KAIT > 제출파일 폴더
  - 파일명 : CAT-수검번호-이름.ent
  - ※ 예시 : 수검번호가 CAT-2400-000000이고 수험자 이름이 홍길동인 경우
    " **CAT-000000-홍길동.ent** "로 저장할 것
- 수검 시 **지문 순서대로 작업**하며, 오브젝트 및 블록 등을 임의 추가 시 감점 처리됨
- 【문제 2~3】은 블록코딩을 원칙으로 하며, 오브젝트 설정 창에서 설정 시 감점 처리됨

프로젝트 설명

공장이 갑자기 정전되었다. 정전된 공장 안에서 빠져나갈 수 있을까?
직원과 자동문까지의 거리가 '350' 미만으로 감지되면 센서등이 차례대로 켜진다.
직원이 자동문에 도달하면 자동문이 열리고, '출입문을 찾았다!'라고 말한다.

【문제 1】 다음 [처리조건]에 따라 배경 및 오브젝트를 설정하시오. (10점)

▶ **배경 설정하기**

[처리조건]	[배경]	
① '장면 1'에 '정전된 공장' 배경을 불러오기 - 이름을 '**공장 안**'으로 변경하기 ② '장면 2'에 '창고' 배경을 불러오기 - 이름을 '**공장 밖**'으로 변경하기	① 정전된 공장 	② 창고 

▶ **오브젝트 설정하기** (오브젝트는 순서대로 불러올 것)

[처리조건]	[오브젝트]	
① '안경쓴 학생(2)'' 오브젝트를 불러오기 - 이름을 '**직원**'으로 변경하기 ② '움직임 감지센서' 오브젝트를 불러오기 - 이름을 '**센서등1**'로 변경하기 ③ '움직임 감지센서' 오브젝트를 불러오기 - 이름을 '**센서등2**'로 변경하기 ④ '자동문' 오브젝트를 불러오기 - 이름 **변경 없음** ※ 기존의 '엔트리봇' 오브젝트는 삭제한다.	① 안경쓴 학생(2) 	② 움직임 감지센서
	③ 움직임 감지센서	④ 자동문

【문제 2】 [주요블록]을 모두 사용하여 [처리조건]에 따라 오브젝트를 코딩하시오. (80점)

▶ '직원' 오브젝트

'직원' 오브젝트는 '너무 어두워!'라고 말하며, '10'만큼 이동한다.
'자동문' 오브젝트와 '직원' 오브젝트의 거리에 따라 신호를 보낸다.

[처리조건]	[주요블록]
① 신호 만들기 　• '센서등1 켜짐' 신호 만들기 　• '센서등1 꺼짐' 신호 만들기 　• '센서등2 켜짐' 신호 만들기 　• '센서등2 꺼짐' 신호 만들기 ② 시작하기 버튼을 클릭했을 때 　• x: '200', y: '-60' 위치로 이동하기 　• '너무 어두워!' 를 '1' 초 동안 '말하기' 　• 계속 반복하기 　　- '-90°' 방향으로 ' (ㄱ) ' 만큼 움직이기 　　- '다음' 모양으로 바꾸기 　　- '0.2' 초 기다리기 　　- 만일 '자동문' 까지의 거리 > '350' 이라면 　　　└ '센서등1 꺼짐' 신호 보내기 　　- 아니면 　　　└ '센서등1 켜짐' 신호 보내기 　　- 만일 '자동문' 까지의 거리 > '150' 이라면 　　　└ '센서등2 꺼짐' 신호 보내기 　　- 아니면 　　　└ '센서등2 켜짐' 신호 보내기	

▶ '센서등1' 오브젝트

'센서등1' 오브젝트는 신호를 받으면 '움직임 감지센서_영역' 모양으로 바꾼다.

[처리조건]	[주요블록]
① 시작하기 버튼을 클릭했을 때 　• 크기를 '30' 으로 정하기 　• x: '100' y: '125' 위치로 이동하기 ② '센서등1 켜짐' 신호를 받았을 때 　• ' (ㄴ) ' 모양으로 바꾸기 ③ '센서등1 꺼짐' 신호를 받았을 때 　• '움직임 감지센서_센서' 모양으로 바꾸기	

▶ '센서등2' 오브젝트

'센서등2' 오브젝트는 신호를 받으면 '움직임 감지센서_영역' 모양으로 바꾼다.

[처리조건]	[주요블록]
① 시작하기 버튼을 클릭했을 때 　• 크기를 '30' 으로 정하기 　• x: '-100' y: '125' 위치로 이동하기 ② '센서등2 켜짐' 신호를 받았을 때 　• '　(ㄷ)　' 모양으로 바꾸기 ③ '센서등2 꺼짐' 신호를 받았을 때 　• '움직임 감지센서_센서' 모양으로 바꾸기	

▶ '자동문' 오브젝트

'자동문' 오브젝트가 '직원' 오브젝트에 닿았고 '센서등2'의 '모양 번호'가 '2'라면 '다음' 모양으로 바꾼 후 '출입문을 찾았다!'를 '2'초 동안 말한다.

[처리조건]	[주요블록]
① 시작하기 버튼을 클릭했을 때 　• 크기를 '160' 으로 정하기 　• x: '-180' y: '0' 위치로 이동하기 　• 계속 반복하기 　　- 만일 '직원'에 닿았는가? 그리고 　　　'　(ㄹ)　' 의 '모양 번호' = '2' 라면 　　　└ '다음' 모양으로 바꾸기 　　　└ '출입문을 찾았다' 를 '2' 초 동안 '말하기' 　　　└ '2' 초 기다리기 　　　└ '다음' 장면 시작하기	

▶ '공장 밖' 배경

 '직원' 오브젝트가 공장을 빠져나가면 '장면 2'가 시작되며, '탈출 성공!'이라고 말한다.

[처리조건]	[주요블록]
◎ 장면이 시작되었을 때 　• '탈출 성공!' 을 '말하기'	

【문제 3】 [주요블록]을 모두 사용하여 [처리조건]에 따라 프로젝트를 개선하시오. (10점)

▶ '공장 밖' 배경

 프로젝트를 다시 시작하려면 프로그램을 정지하고 프로그램을 시작해야 해서 불편하다. '장면 2'에서 '공장 밖' 배경을 클릭하면 처음부터 다시 실행하도록 하려고 한다.

[처리조건]	[주요블록]
◎ 오브젝트를 클릭했을 때 　• '색깔' 효과를 '60' 만큼 주기 　• '처음부터 다시 실행합니다.' 를 '말하기' 　• '2' 초 기다리기 　• 처음부터 다시 실행하기	 

코딩활용능력
(CAT; CODING ABILITY TEST)

- ● 시험과목 : 코딩활용능력 2급 (엔트리)
- ● 시험일자 : 2024. 00. 00.(토)
- ● 응시자 기재사항 및 감독위원 확인

수 검 번 호	CAT - 2400 -	감독위원 확인
성 명		

응시자 유의사항

1. 응시자는 신분증 또는 동등한 자격을 갖춘 증빙서류를 지참하여야 시험에 응시할 수 있으며, 시험이 종료될 때까지 신분증을 제시하지 못할 경우 해당 시험은 0점 처리됩니다.

2. 시스템(PC 작동 여부, 네트워크 상태 등)의 이상 여부를 반드시 확인하여야 하며, 시스템 이상이 있을 시 감독위원에게 조치를 받으셔야 합니다.

3. 시험 중 시스템 오류 또는 시스템 다운 증상에 대해서는 응시자 본인에게 책임이 있습니다.

4. 시험 중 부주의 또는 고의로 시스템을 파손한 경우는 응시자 부담으로 합니다.

5. **엔트리 버전은 최소 2.0.53 이상을 사용**하여야 하며, 답안 전송 프로그램을 통하여 배포 받은 파일에 답안을 작성하시기 바랍니다. 감독위원의 지시에 따라 주시기 바랍니다.

6. 작성한 답안 파일은 답안 전송 프로그램을 통하여 자동으로 전송됩니다.

7. 다음 사항의 경우 실격(0점) 혹은 부정행위 처리됩니다.
   ❶ 답안을 저장하지 않았거나, 저장한 파일이 손상되었을 경우
   ❷ 답안 파일을 다른 보조 기억장치(USB) 혹은 네트워크(메신저, 게시판 등)로 전송할 경우
   ❸ 휴대용 전화기 등 통신장비를 사용할 경우

8. 시험을 완료한 응시자는 답안을 저장하고, 답안 파일이 전송되었는지 확인한 후 감독위원의 지시에 따라 문제지를 제출한 후 퇴실하여야 합니다.

9. 시험시간이 종료된 이후에는 답안의 수정 또는 정정이 불가합니다.

10. 시험시행 후 결과는 홈페이지(www.ihd.or.kr)에서 확인하시기 바랍니다.
    ❶ 문제 및 정답 공개 : 2024. 00. 00.(화)
    ❷ 합격자 발표 : 2024. 00. 00.(금)

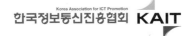

유의사항

- 각 문제의 정답은 다음과 같은 규칙으로 ENT 파일을 저장하시오.
  - 저장 위치 : 바탕 화면 > KAIT > 제출파일 폴더
  - 파일명 : CAT-수검번호-이름.ent
    ※ 예시 : 수검번호가 CAT-2400-000000이고 수험자 이름이 홍길동인 경우
    " **CAT-000000-홍길동.ent** "로 저장할 것
- 수검 시 **지문 순서대로** 작업하며, 오브젝트 및 블록 등을 임의 추가 시 감점 처리됨
- 【문제 2~3】은 블록코딩을 원칙으로 하며, 오브젝트 설정 창에서 설정 시 감점 처리됨

프로젝트 설명

드론에서 떨어지는 딸기케이크와 민트케이크를 상자에 담아 포장하려고 한다.
케이크를 포장상자에 담으면 무게 값이 20씩 증가하고 무게 값이 100이 되면 포장이 완성되어 다음 장면이 시작된다.

【문제 1】 다음 [처리조건]에 따라 배경 및 오브젝트를 설정하시오. (10점)

▶ **배경 설정하기**

[처리조건]	[배경]	
① '장면 1'에 '구름 세상' 배경을 불러오기 　- 이름을 '**하늘**'로 변경하기 ② '장면 2'에 '과자나라 풍경' 배경을 불러오기 　- 이름을 '**과자나라**'로 변경하기	① 구름 세상	② 과자나라 풍경

▶ <u>**오브젝트 설정하기**</u> (오브젝트는 순서대로 불러올 것)

[처리조건]	[오브젝트]	
① '종이 상자' 오브젝트를 불러오기 　- 이름을 '**포장상자**'로 변경하기 ② '딸기 컵케이크' 오브젝트를 불러오기 　- 이름을 '**딸기케이크**'로 변경하기 ③ '민트 컵케이크' 오브젝트를 불러오기 　- 이름을 '**민트케이크**'로 변경하기 ④ '드론(1)' 오브젝트를 불러오기 　- 이름을 '**드론**'으로 변경하기 ※ 기존의 '엔트리봇' 오브젝트는 삭제한다.	① 종이 상자	② 딸기 컵케이크
	③ 민트 컵케이크	④ 드론(1)

【문제 2】 [주요블록]을 모두 사용하여 [처리조건]에 따라 오브젝트를 코딩하시오. (80점)

▶ '포장상자' 오브젝트

'포장상자' 오브젝트는 좌, 우 화살표 방향키로 움직이고 이동 방향으로 '5'씩 이동한다.

[처리조건]	[주요블록]
◎ 시작하기 버튼을 클릭했을 때 　• x: '-20' y: '-90' 위치로 이동하기 　• 계속 반복하기 　　- 만일 '왼쪽 화살표' 키가 눌러져 있는가? 라면 　　　└ x 좌표를 ' -(ㄱ) ' 만큼 바꾸기 　　- 만일 '오른쪽 화살표' 키가 눌러져 있는가? 라면 　　　└ x 좌표를 ' (ㄴ) ' 만큼 바꾸기	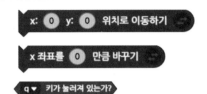

▶ '딸기케이크' 오브젝트

'딸기케이크' 오브젝트는 '포장상자' 또는 '아래쪽 벽'에 닿을 때까지 아래쪽으로 5씩 움직인다. '포장상자' 오브젝트에 닿으면 '무게' 값이 '20'씩 늘어난다.

[처리조건]	[주요블록]
① '과자종류' 변수 만들기 　(변수 기본 값은 '0', '모든 오브젝트에 사용' 설정하기) ② '무게' 변수 만들기 　(변수 기본 값은 '0', '모든 오브젝트에 사용' 설정하기) ③ 시작하기 버튼을 클릭했을 때 　• 변수 '과자종류' 숨기기 　• 모양 숨기기 　• 크기를 '35' 로 정하기 　• 계속 반복하기 　　- '드론' 위치로 이동하기 ④ 복제본이 처음 생성되었을 때 　• 모양 보이기 　• '포장상자' 에 닿았는가? 또는 '아래쪽 벽' 에 닿았는가? 가 될 때까지 반복하기 　　- y 좌표를 '-5' 만큼 바꾸기 　• 계속 반복하기 　　- 만일 '포장상자' 에 닿았는가? 라면 　　　└ '무게' 에 ' (ㄷ) ' 만큼 더하기 　　　└ 이 복제본 삭제하기 　　- 만일 '아래쪽 벽' 에 닿았는가? 라면 　　　└ 이 복제본 삭제하기	

▶ '민트케이크' 오브젝트

 '민트케이크' 오브젝트는 '포장상자' 또는 '아래쪽 벽'에 닿을 때까지 아래쪽으로 5씩 움직인다. '포장상자' 오브젝트에 닿으면 '무게' 값이 '20'씩 늘어난다.

[처리조건]	[주요블록]
① 시작하기 버튼을 클릭했을 때 　• 모양 숨기기 　• 크기를 '35' 로 정하기 　• 계속 반복하기 　　- '드론' 위치로 이동하기 ② 복제본이 처음 생성되었을 때 　• 모양 보이기 　• '포장상자' 에 닿았는가? 또는 '아래쪽 벽' 에 닿았는가? 　　가 될 때까지 반복하기 　　- y 좌표를 '-5' 만큼 바꾸기 　• 계속 반복하기 　　- 만일 '포장상자' 에 닿았는가? 라면 　　　└ '무게' 에 ' (ㄹ) ' 만큼 더하기 　　　└ 이 복제본 삭제하기 　　- 만일 '아래쪽 벽' 에 닿았는가? 라면 　　　└ 이 복제본 삭제하기	

▶ '드론' 오브젝트

 '드론' 오브젝트는 '무작위 수' 위치로 이동하고, '딸기케이크' 오브젝트와 '민트케이크' 오브젝트를 떨어뜨린다. '무게' 값이 '100'이 되면 포장이 완성되고 '다음' 장면이 시작된다.

[처리조건]	[주요블록]
① '포장완성' 신호 만들기 ② 시작하기 버튼을 클릭했을 때 　• 모양 보이기 　• 크기를 '80' 으로 정하기 　• 계속 반복하기 　　- '과자종류' 를 '1 부터 2 사이의 무작위 수' 로 정하기 　　- '0.1 부터 1 사이의 무작위 수' 초 기다리기 　　- '0.1 부터 2 사이의 무작위 수' 초 동안 　　　x: '-200 부터 200 사이의 무작위 수' 　　　y: '100 부터 110 사이의 무작위 수' 위치로 이동하기 　　- 만일 '과자종류' 값 = '1' 이라면 　　　└ '딸기케이크' 의 복제본 만들기 　　- 아니면 　　　└ '민트케이크' 의 복제본 만들기 　　- 만일 '무게' 값 = ' (ㅁ) ' 이라면 　　　└ '포장완성' 신호 보내기 ③ '포장완성' 신호를 받았을 때 　• '다음' 장면 시작하기	

▶ '과자나라' 배경

'무게' 값이 '100'이 되어 포장이 완성되면 '장면 2'가 시작되고 '포장 완료!'라고 말한다.

[처리조건]	[주요블록]
◎ 장면이 시작되었을 때 • 변수 '과자종류' 숨기기 • 변수 '무게' 숨기기 • '포장 완료!' 를 '말하기'	장면이 시작되었을 때 변수 변수▼ 숨기기 ?

【문제 3】 [주요블록]을 모두 사용하여 [처리조건]에 따라 프로젝트를 개선하시오. (10점)

▶ '과자나라' 배경

프로젝트를 다시 시작하려면 프로그램을 정지하고 프로그램을 시작해야 해서 불편하다. '장면 2'에서 '과자나라' 배경을 클릭하면 처음부터 다시 실행하도록 하려고 한다.

[처리조건]	[주요블록]
◎ 오브젝트를 클릭했을 때 • '색깔' 효과를 '50' 만큼 주기 • '처음부터 다시 실행합니다.' 를 '말하기' • '2' 초 기다리기 • 처음부터 다시 실행하기	색깔▼ 효과를 0 만큼 주기 처음부터 다시 실행하기

코딩활용능력
(CAT; CODING ABILITY TEST)

● 시험과목 : 코딩활용능력 2급 (엔트리)
● 시험일자 : 2024. 00. 00.(토)
● 응시자 기재사항 및 감독위원 확인

수 검 번 호	CAT - 2400 -	감독위원 확인
성 명		

응시자 유의사항

1. 응시자는 신분증 또는 동등한 자격을 갖춘 증빙서류를 지참하여야 시험에 응시할 수 있으며, 시험이 종료될 때까지 신분증을 제시하지 못할 경우 해당 시험은 0점 처리됩니다.

2. 시스템(PC 작동 여부, 네트워크 상태 등)의 이상 여부를 반드시 확인하여야 하며, 시스템 이상이 있을 시 감독위원에게 조치를 받으셔야 합니다.

3. 시험 중 시스템 오류 또는 시스템 다운 증상에 대해서는 응시자 본인에게 책임이 있습니다.

4. 시험 중 부주의 또는 고의로 시스템을 파손한 경우는 응시자 부담으로 합니다.

5. **엔트리 버전은 최소 2.0.53 이상을 사용**하여야 하며, 답안 전송 프로그램을 통하여 배포 받은 파일에 답안을 작성하시기 바랍니다. 감독위원의 지시에 따라 주시기 바랍니다.

6. 작성한 답안 파일은 답안 전송 프로그램을 통하여 자동으로 전송됩니다.

7. 다음 사항의 경우 실격(0점) 혹은 부정행위 처리됩니다.

    ❶ 답안을 저장하지 않았거나, 저장한 파일이 손상되었을 경우

    ❷ 답안 파일을 다른 보조 기억장치(USB) 혹은 네트워크(메신저, 게시판 등)로 전송할 경우

    ❸ 휴대용 전화기 등 통신장비를 사용할 경우

8. 시험을 완료한 응시자는 답안을 저장하고, 답안 파일이 전송되었는지 확인한 후 감독위원의 지시에 따라 문제지를 제출한 후 퇴실하여야 합니다.

9. 시험시간이 종료된 이후에는 답안의 수정 또는 정정이 불가합니다.

10. 시험시행 후 결과는 홈페이지(www.ihd.or.kr)에서 확인하시기 바랍니다.

    ❶ 문제 및 정답 공개 : 2024. 00. 00.(화)

    ❷ 합격자 발표 : 2024. 00. 00.(금)

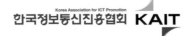

한국정보통신진흥협회 KAIT

유의사항

- 각 문제의 정답은 다음과 같은 규칙으로 ENT 파일을 저장하시오.
  - 저장 위치 : 바탕 화면 > KAIT > 제출파일 폴더
  - 파일명 : CAT-수검번호-이름.ent
    ※ 예시 : 수검번호가 CAT-2400-000000이고 수험자 이름이 홍길동인 경우
    " **CAT-000000-홍길동.ent** "로 저장할 것
- 수검 시 **지문 순서대로 작업**하며, 오브젝트 및 블록 등을 임의 추가 시 감점 처리됨
- 【문제 2~3】은 블록코딩을 원칙으로 하며, 오브젝트 설정 창에서 설정 시 감점 처리됨

프로젝트 설명

두더지가 땅을 파고 있다. 다른 동물들을 피해 두더지를 잡을 수 있을까?
뿅망치로 두더지를 잡으면 퇴치 점수가 20씩 증가하고 곰과 미어캣을 잡으면 10씩 감소한다.
초시계 값이 30이 되면 퇴치 점수를 알려주며 프로젝트가 종료된다.

【문제 1】 다음 [처리조건]에 따라 배경 및 오브젝트를 설정하시오. (10점)

▶ **배경 설정하기**

[처리조건]	[배경]	

① '장면 1'에 '잔디밭' 배경을 불러오기
  - 이름 **변경 없음**
② '장면 2'에 '꽃밭(1)' 배경을 불러오기
  - 이름을 '**꽃밭**'으로 변경하기
	① 잔디밭	② 꽃밭(1)

▶ <u>오브젝트 설정하기</u> (오브젝트는 순서대로 불러올 것)

[처리조건]	[오브젝트]	

① '뿅망치' 오브젝트를 불러오기
  - 이름 **변경 없음**
② '곰(1)' 오브젝트를 불러오기
  - 이름을 '**곰**'으로 변경하기
③ '두더지' 오브젝트를 불러오기
  - 이름 **변경 없음**
④ '미어캣' 오브젝트를 불러오기
  - 이름 **변경 없음**
※ 기존의 '엔트리봇' 오브젝트는 삭제한다.
	① 뿅망치	② 곰(1)

	③ 두더지	④ 미어캣

【문제 2】 [주요블록]을 모두 사용하여 [처리조건]에 따라 오브젝트를 코딩하시오. (80점)

▶ '뿅망치' 오브젝트

'뿅망치' 오브젝트는 마우스를 클릭했을 때 '잡기' 신호를 보내고,
'초시계 값'이 '30'이상이면 '퇴치 점수'를 말한 뒤 '다음' 장면이 시작된다.

[처리조건]	[주요블록]
① '퇴치 점수' 변수 만들기 　(변수 기본 값은 '0', '모든 오브젝트에 사용' 설정하기) ② '잡기' 신호 만들기 ③ 시작하기 버튼을 클릭했을 때 　• 초시계 '시작하기' 　• '맨 앞으로' 보내기 　• 크기를 '70' 으로 정하기 　• 계속 반복하기 　　- '마우스포인터' 위치로 이동하기 　　- 만일 '초시계 값' ≥ '　(ㄱ)　' 이라면 　　　└ 초시계 '정지하기' 　　　└ '퇴치 점수' 값 + '점 입니다.' 를 '2' 초 동안 '말하기' 　　　└ '다음' 장면 시작하기 ④ 마우스를 클릭했을 때 　• '잡기' 신호 보내기 　• '0.1' 초 동안 방향을 '-90°' 만큼 회전하기 　• '0.1' 초 동안 방향을 '90°' 만큼 회전하기	

▶ '곰' 오브젝트

곰' 오브젝트는 '무작위 수' 위치에 나타나며,
'뿅망치' 오브젝트에 닿으면 '퇴치 점수' 값이 '10'씩 줄어든다.

[처리조건]	[주요블록]
① 시작하기 버튼을 클릭했을 때 　• 크기를 '70' 으로 정하기 　• 계속 반복하기 　　- x: '-200 부터 200 사이의 무작위 수' 　　　y: '-100 부터 100 사이의 무작위 수' 　　　위치로 이동하기 　　- '1' 초 기다리기 ② '잡기' 신호를 받았을 때 　• 만일 '뿅망치' 에 닿았는가? 라면 　　- 모양 숨기기 　　- '퇴치 점수' 에 '-10' 만큼 더하기 　　- '0.5' 초 기다리기 　　- 모양 보이기	

▶ '두더지' 오브젝트

'두더지' 오브젝트는 '나 잡아봐라!' 라고 말하며 '무작위 수' 위치에 나타난다.
'뿅망치' 오브젝트에 닿으면 '퇴치 점수' 값이 '20'씩 늘어난다.

[처리조건]	[주요블록]
① 시작하기 버튼을 클릭했을 때 • 모양 숨기기 • 크기를 '70' 으로 정하기 • 계속 반복하기 　- x: '-180 부터 180 사이의 무작위 수' 　　y: '-80 부터 80 사이의 무작위 수' 　　위치로 이동하기 　- '0.8' 초 기다리기 　- '두더지_1' 모양으로 바꾸기 　- 모양 보이기 　- '나 잡아봐라!' 를 '1' 초 동안 '말하기' 　- 모양 숨기기 ② '잡기' 신호를 받았을 때 • 만일 '뿅망치' 에 닿았는가? 라면 　- '두더지_3' 모양으로 바꾸기 　- '0.1' 초 기다리기 　- 모양 숨기기 　- '퇴치 점수' 에 '　(ㄴ)　' 만큼 더하기	  

▶ '미어캣' 오브젝트

'미어캣' 오브젝트는 '무작위 수' 위치에 나타나며,
'뿅망치' 오브젝트에 닿으면 '퇴치 점수' 값이 '10'씩 줄어든다.

[처리조건]	[주요블록]
① 시작하기 버튼을 클릭했을 때 • 모양 숨기기 • 크기를 '60' 으로 정하기 • 계속 반복하기 　- x: '-200 부터 200 사이의 무작위 수' 　　y: '-100 부터 100 사이의 무작위 수' 　　위치로 이동하기 　- '1' 초 기다리기 　- 모양 보이기 　- '1' 초 기다리기 　- 모양 숨기기 ② '잡기' 신호를 받았을 때 • 만일 '뿅망치' 에 닿았는가? 라면 　- 모양 숨기기 　- '퇴치 점수' 에 '　- (ㄷ)　' 만큼 더하기	

▶ '꽃밭' 배경

 '초시계 값'이 '30'이 되면 '장면 2'가 시작되고, '꽃이 피었습니다!'라고 말한다.

[처리조건]	[주요블록]
◎ 장면이 시작되었을 때 • 초시계 '숨기기' • 변수 '퇴치 점수' 숨기기 • '꽃이 피었습니다!' 를 '말하기'	초시계 시작하기 ▾ 장면이 시작되었을 때

【문제 3】 [주요블록]을 모두 사용하여 [처리조건]에 따라 프로젝트를 개선하시오. (10점)

▶ '꽃밭' 배경

 프로젝트를 다시 시작하려면 프로그램을 정지하고 프로그램을 시작해야 해서 불편하다.
'장면 2'에서 '꽃밭' 배경을 클릭하면 처음부터 다시 실행하도록 하려고 한다.

[처리조건]	[주요블록]
◎ 오브젝트를 클릭했을 때 • '색깔' 효과를 '30' 으로 정하기 • '처음부터 다시 실행합니다.' 를 '말하기' • '2' 초 기다리기 • 처음부터 다시 실행하기	0 초 기다리기 색깔 ▾ 효과를 0 (으)로 정하기

CHAPTER 3

모의고사

코딩활용능력
(CAT; CODING ABILITY TEST)

◉ 시험과목 : 코딩활용능력 2급 (엔트리)
◉ 시험일자 : 2025. 00. 00.(토)
◉ 응시자 기재사항 및 감독위원 확인

수 검 번 호	CAT - 2500 -	감독위원 확인

응시자 유의사항

1. 응시자는 신분증 또는 동등한 자격을 갖춘 증빙서류를 지참하여야 시험에 응시할 수 있으며, 시험이 종료될 때까지 신분증을 제시하지 못할 경우 해당 시험은 0점 처리됩니다.

2. 시스템(PC 작동 여부, 네트워크 상태 등)의 이상 여부를 반드시 확인하여야 하며, 시스템 이상이 있을 시 감독위원에게 조치를 받으셔야 합니다.

3. 시험 중 시스템 오류 또는 시스템 다운 증상에 대해서는 응시자 본인에게 책임이 있습니다.

4. 시험 중 부주의 또는 고의로 시스템을 파손한 경우는 응시자 부담으로 합니다.

5. **엔트리 버전은 최소 2.0.53 이상을 사용**하여야 하며, 답안 전송 프로그램을 통하여 배포 받은 파일에 답안을 작성하시기 바랍니다. 감독위원의 지시에 따라 주시기 바랍니다.

6. 작성한 답안 파일은 답안 전송 프로그램을 통하여 자동으로 전송됩니다.

7. 다음 사항의 경우 실격(0점) 혹은 부정행위 처리됩니다.

   ❶ 답안을 저장하지 않았거나, 저장한 파일이 손상되었을 경우

   ❷ 답안 파일을 다른 보조 기억장치(USB) 혹은 네트워크(메신저, 게시판 등)로 전송할 경우

   ❸ 휴대용 전화기 등 통신장비를 사용할 경우

8. 시험을 완료한 응시자는 답안을 저장하고, 답안 파일이 전송되었는지 확인한 후 감독위원의 지시에 따라 문제지를 제출한 후 퇴실하여야 합니다.

9. 시험시간이 종료된 이후에는 답안의 수정 또는 정정이 불가합니다.

10. 시험시행 후 결과는 홈페이지(www.ihd.or.kr)에서 확인하시기 바랍니다.

    ❶ 문제 및 정답 공개 : 2025. 00. 00.(화)

    ❷ 합격자 발표 : 2025. 00. 00.(금)

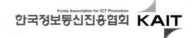

- 각 문제의 정답은 다음과 같은 규칙으로 ENT 파일을 저장하시오.
  - 저장 위치 : 바탕 화면 > KAIT > 제출파일 폴더
  - 파일명 : CAT-수검번호-이름.ent
  ※ 예시 : 수검번호가 CAT-2500-000000이고 수험자 이름이 홍길동인 경우
  " **CAT-000000-홍길동.ent** "로 저장할 것
- 수검 시 **지문 순서대로 작업**하며, 오브젝트 및 블록 등을 임의 추가 시 감점 처리됨
- **【문제 2~3】**은 블록코딩을 원칙으로 하며, 오브젝트 설정 창에서 설정 시 감점 처리됨

프로젝트 설명

하늘에서 눈보라와 하얀 꽃이 떨어진다. 돗자리가 눈보라를 맞으면 점수가 10점 감소하고, 하얀 꽃을 맞으면 10점 증가한다. 점수가 –50점 이하가 되면 비 오는 날씨 배경이 보이고, 50점 이상이 되면 맑은 날씨 배경이 보인다.

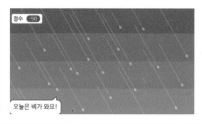

【문제 1】 다음 [처리조건]에 따라 배경 및 오브젝트를 설정하시오. (10점)

▶ 배경 설정하기

[처리조건]	[배경]
① '장면 1'에 '노을지는 들판' 배경을 불러오기 　- 이름을 '**들판**'으로 변경하기 ② '장면 2'에 '날씨' 배경을 불러오기 　- 이름 **변경 없음**	① 노을지는 들판　② 날씨 

▶ 오브젝트 설정하기 (오브젝트는 순서대로 불러올 것)

[처리조건]	[오브젝트]
① '돗자리' 오브젝트를 불러오기 　- 이름 **변경 없음** ② '웃는 하얀 꽃' 오브젝트를 불러오기 　- 이름을 '**하얀 꽃**'으로 변경하기 ③ '눈보라(1)' 오브젝트를 불러오기 　- 이름을 '**눈보라**'로 변경하기 ※ 기존의 '엔트리봇' 오브젝트는 삭제한다.	① 돗자리　② 웃는 하얀 꽃 ③ 눈보라(1)

【문제 2】 [주요블록]을 모두 사용하여 [처리조건]에 따라 오브젝트를 코딩하시오. (80점)

▶ '돗자리' 오브젝트

'돗자리' 오브젝트는 왼쪽과 오른쪽 화살표 키를 누르면 좌우로 이동한다. '눈보라' 오브젝트에 닿으면 점수가 '10'점 감소하고, '하얀 꽃' 오브젝트에 닿으면 '10'점 증가한다. 점수가 '-50'점 이하 이거나 '50'점 이상이면 '장면 2'가 시작된다.

[처리조건]	[주요블록]
① '점수' 변수 만들기 　(변수 기본값은 '0', '모든 오브젝트에 사용' 설정하기) ② 시작하기 버튼을 클릭했을 때 　• '점수' 를 '0' 으로 정하기 　• x: '0' y: '-80' 위치로 이동하기 　• 계속 반복하기 　　- 만일 '눈보라 '에 닿았는가? 라면 　　　└ '점수' 에 ' - (ㄱ) ' 만큼 더하기 　　　└ '1' 초 기다리기 　　- 만일 '하얀 꽃 '에 닿았는가? 라면 　　　└ '점수' 에 '10' 만큼 더하기 　　　└ '아이템 획득 '을 '1' 초 동안 '말하기' 　　- 만일 '점수' 값 <= '-50' 또는 '점수' 값 >= '50' 이라면 　　　└ '장면 2' 시작하기 ③ '왼쪽 화살표' 키를 눌렀을 때 　• x 좌표를 '-10' 만큼 바꾸기 ④ '오른쪽 화살표' 키를 눌렀을 때 　• x 좌표를 '10' 만큼 바꾸기	

▶ '하얀 꽃' 오브젝트

'하얀 꽃' 오브젝트는 위에서 아래로 떨어진다. '하얀 꽃' 오브젝트가 벽에 닿거나 '돗자리' 오브젝트에 닿으면 무작위 수의 위치로 이동한다.

[처리조건]	[주요블록]
◎ 시작하기 버튼을 클릭했을 때 　• 크기를 '40' 으로 정하기 　• x: '-230 부터 230 사이의 무작위 수' 　　y: '100' 위치로 이동하기 　• 계속 반복하기 　　- '0.5' 초 동안 x: '0' y: '-20' 만큼 움직이기 　　- 만일 '벽 '에 닿았는가? 또는 　　　'돗자리'에 닿았는가? 라면 　　　└ x: '-230 부터 230 사이의 무작위 수' 　　　　y: '100' 위치로 이동하기	

▶ '눈보라' 오브젝트

'눈보라' 오브젝트가 '20'개로 복제되어 대각선 방향으로 떨어진다. '눈보라' 오브젝트가 벽에 닿거나 '돗자리' 오브젝트에 닿으면 색깔이 바뀌고 '눈보라' 오브젝트가 삭제된다.

[처리조건]	[주요블록]
① 시작하기 버튼을 클릭했을 때 　• 모양 숨기기 　• ' (ㄴ) ' 번 반복하기 　　- x: '-230 부터 230 사이의 무작위 수' 　　　y: '130' 위치로 이동하기 　　- '자신' 의 복제본 만들기 　　- '3 부터 10 사이의 무작위 수' 초 기다리기 ② 복제본이 처음 생성되었을 때 　• 계속 반복하기 　　- 만일 '돗자리'에 닿았는가? 또는 　　　'아래쪽 벽'에 닿았는가? 라면 　　　　└ '색깔' 효과를 '10' 만큼 주기 　　　　└ '1' 초 기다리기 　　　　└ 이 복제본 삭제하기 ③ 복제본이 처음 생성되었을 때 　• 모양 보이기 　• 계속 반복하기 　　- y 좌표를 '-10' 만큼 바꾸기 　　- x 좌표를 '-10' 만큼 바꾸기 　　- '0.5' 초 기다리기	

▶ '날씨' 배경

점수가 '-50' 이하이면, 배경이 '날씨_비옴' 모양으로 바뀌고, '오늘은 비가 와요!'라고 말한다. 점수가 '-50' 이상이면, 배경이 '날씨_맑음' 모양으로 바뀌고, '오늘의 날씨는 맑음이에요!'라고 말한다.

[처리조건]	[주요블록]
◎ 장면이 시작되었을 때 　• 변수 '점수' 숨기기 　• 만일 '점수' 값 <= '-50' 이라면 　　- '날씨_비옴' 모양으로 바꾸기 　　- '오늘은 비가 와요!'를 '2' 초 동안 '말하기' 　　- '모든' 코드 멈추기 　• 만일 '점수' 값 >= '50' 이라면 　　- '　(ㄷ)　' 모양으로 바꾸기 　　- '오늘의 날씨는 맑음이에요!'를 '2' 초 동안 '말하기' 　　- '모든' 코드 멈추기	

【문제 3】 [주요블록]을 모두 사용하여 [처리조건]에 따라 프로젝트를 개선하시오. (10점)

▶ '날씨' 배경

프로젝트를 다시 시작하려면 프로그램을 정지하고 프로그램을 시작해야 해서 불편하다. '장면 2'에서 '날씨' 배경을 클릭하면 처음부터 다시 실행하도록 하려고 한다.

[처리조건]	[주요블록]
◎ 오브젝트를 클릭했을 때 　• '색깔' 효과를 '60' 으로 정하기 　• '처음부터 다시 실행합니다.'를 '말하기' 　• '2' 초 기다리기 　• 처음부터 다시 실행하기	

코딩활용능력
(CAT; CODING ABILITY TEST)

◉ 시험과목 : 코딩활용능력 2급 (엔트리)
◉ 시험일자 : 2025. 00. 00.(토)
◉ 응시자 기재사항 및 감독위원 확인

수 검 번 호	CAT - 2500 -	감독위원 확인

응시자 유의사항

1. 응시자는 신분증 또는 동등한 자격을 갖춘 증빙서류를 지참하여야 시험에 응시할 수 있으며, 시험이 종료될 때까지 신분증을 제시하지 못할 경우 해당 시험은 0점 처리됩니다.

2. 시스템(PC 작동 여부, 네트워크 상태 등)의 이상 여부를 반드시 확인하여야 하며, 시스템 이상이 있을 시 감독위원에게 조치를 받으셔야 합니다.

3. 시험 중 시스템 오류 또는 시스템 다운 증상에 대해서는 응시자 본인에게 책임이 있습니다.

4. 시험 중 부주의 또는 고의로 시스템을 파손한 경우는 응시자 부담으로 합니다.

5. **엔트리 버전은 최소 2.0.53 이상을 사용**하여야 하며, 답안 전송 프로그램을 통하여 배포 받은 파일에 답안을 작성하시기 바랍니다. 감독위원의 지시에 따라 주시기 바랍니다.

6. 작성한 답안 파일은 답안 전송 프로그램을 통하여 자동으로 전송됩니다.

7. 다음 사항의 경우 실격(0점) 혹은 부정행위 처리됩니다.

   ❶ 답안을 저장하지 않았거나, 저장한 파일이 손상되었을 경우

   ❷ 답안 파일을 다른 보조 기억장치(USB) 혹은 네트워크(메신저, 게시판 등)로 전송할 경우

   ❸ 휴대용 전화기 등 통신장비를 사용할 경우

8. 시험을 완료한 응시자는 답안을 저장하고, 답안 파일이 전송되었는지 확인한 후 감독위원의 지시에 따라 문제지를 제출한 후 퇴실하여야 합니다.

9. 시험시간이 종료된 이후에는 답안의 수정 또는 정정이 불가합니다.

10. 시험시행 후 결과는 홈페이지(www.ihd.or.kr)에서 확인하시기 바랍니다.

   ❶ 문제 및 정답 공개 : 2025. 00. 00.(화)

   ❷ 합격자 발표 : 2025. 00. 00.(금)

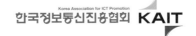

Korea Association for ICT Promotion
한국정보통신진흥협회 KAIT

유 의 사 항

- 각 문제의 정답은 다음과 같은 규칙으로 ENT 파일을 저장하시오.
  - 저장 위치 : 바탕 화면 > KAIT > 제출파일 폴더
  - 파일명 : CAT-수검번호-이름.ent
    ※ 예시 : 수검번호가 CAT-2500-000000이고 수험자 이름이 홍길동인 경우
    " **CAT-000000-홍길동.ent** "로 저장할 것
- 수검 시 **지문 순서대로 작업**하며, 오브젝트 및 블록 등을 임의 추가 시 감점 처리됨
- 【문제 2~3】은 블록코딩을 원칙으로 하며, 오브젝트 설정 창에서 설정 시 감점 처리됨

프로젝트 설명

잔디 언덕에서 노란 새가 고추잠자리가 있는 곳으로 날아가 고추잠자리와 인사를 나눈다. 인사를 나눈 노란 새가 다시 오른쪽으로 날아가면 울타리가 있는 언덕이 나타난다. 노란 새가 매미가 있는 곳으로 날아가 매미와 인사를 나눈다.

【문제 1】 다음 [처리조건]에 따라 배경 및 오브젝트를 설정하시오. (10점)

▶ **배경 설정하기**

[처리조건]	[배경]	
① '장면 1'에 '잔디 언덕(2)' 배경을 불러오기 - 이름을 '**잔디가 있는 언덕**'으로 변경하기 ② '장면 2'에 '울타리' 배경을 불러오기 - 이름을 '**울타리가 있는 언덕**'으로 변경하기	① 잔디 언덕(2) 	② 울타리 

▶ <u>**오브젝트 설정하기**</u> (오브젝트는 순서대로 불러올 것)

[처리조건]	[오브젝트]	
① '장면 1'에 '[묶음] 새' 오브젝트를 불러오기 - 이름을 '**노란 새**'로 변경하기 ② '장면 1'에 '고추잠자리' 오브젝트를 불러오기 - 이름 **변경 없음** ③ '장면 2'에 '[묶음] 새' 오브젝트를 불러오기 - 이름을 '**노란 새**'로 변경하기 ④ '장면 2'에 '매미(2)' 오브젝트를 불러오기 - 이름을 '**매미**'로 변경하기 ※ 기존의 '엔트리봇' 오브젝트는 삭제한다.	① [묶음] 새	② 고추잠자리
	③ [묶음] 새	④ 매미(2)

【문제 2】 [주요블록]을 모두 사용하여 [처리조건]에 따라 오브젝트를 코딩하시오. (80점)

▶ '장면 1'의 '노란 새' 오브젝트

 '노란 새' 오브젝트가 '고추 잠자리' 오브젝트가 위치한 곳으로 '7'초 동안 이동한다. '고추잠자리' 오브젝트에 닿으면 대화를 나눈다. '노란 새' 오브젝트가 다시 날아가 벽에 닿으면 다음 장면으로 이동한다.

[처리조건]	[주요블록]

[처리조건]

① 신호 만들기
  • '잠자리와 대화(1)' 신호 만들기
  • '잠자리와 대화(2)' 신호 만들기
② 시작하기 버튼을 클릭했을 때
  • 크기를 '100' 으로 정하기
  • x: '-200' y: '-60' 위치로 이동하기
  • 좌우 모양 뒤집기
  • '　(ㄱ)　' 초 동안 x: '130' y: '70' 위치로 이동하기
  • 계속 반복하기
    - '다음' 모양으로 바꾸기
    - '0.5' 초 기다리기
    - 만일 '벽' 에 닿았는가? 라면
      └ '다음' 장면 시작하기
③ 시작하기 버튼을 클릭했을 때
  • 계속 반복하기
    - 만일 '고추잠자리'에 닿았는가? 라면
      └ '잠자리야~ 어디 그리 바쁘게 가니?'를
        '4' 초 동안 '말하기'
      └ '잠자리와 대화(1)' 신호 보내기
      └ 반복 중단하기
④ '잠자리와 대화(2)' 신호를 받았을 때
  • '그렇구나! 친구들과 즐거운 시간 보내렴'을 '4' 초
    동안 '말하기'
  • '2' 초 동안 x: '230' y: '90' 위치로 이동하기

[주요블록]

- ⟨ 0 ⟩ 초 동안 x: ⟨ 0 ⟩ y: ⟨ 0 ⟩ 위치로 이동하기 ↻
- 마우스포인터 ▼ 에 닿았는가?
- 다음 ▼ 장면 시작하기
- 대상 없음 ▼ 신호를 받았을 때
- 대상 없음 ▼ 신호 보내기
- 만일 ⟨참⟩ (이)라면
- 계속 반복하기

▶ '장면 1'의 '고추잠자리' 오브젝트

'고추잠자리' 오브젝트가 제자리에서 날갯짓을 한다. '노란 새' 오브젝트에 닿으면 대화를 나눈다.

[처리조건]	[주요블록]
① 시작하기 버튼을 클릭했을 때 　• x: '150' y: '50' 위치로 이동하기 　• 크기를 '50' 으로 정하기 　• 계속 반복하기 　　- '다음' 모양으로 바꾸기 　　- '0.5' 초 기다리기 ② '잠자리와 대화(1)' 신호를 받았을 때 　• '친구들과 놀라고 가는 중이었어!'를 '4' 초 동안 '말하기' 　• '잠자리와 대화(2)' 신호 보내기	다음 ▼ 모양으로 바꾸기 계속 반복하기 0 초 기다리기 대상 없음 ▼ 신호를 받았을 때

▶ '장면 2'의 '노란 새' 오브젝트

'노란 새' 오브젝트가 '매미' 오브젝트가 위치한 곳으로 이동한다. 방향을 –30° 만큼 회전하고 매미와 대화를 나눈다.

[처리조건]	[주요블록]
① 신호 만들기 　• '매미와 대화(1)' 신호 만들기 　• '매미와 대화(2)' 신호 만들기 ② 장면이 시작되었을 때 　• 좌우 모양 뒤집기 　• x: '-230' y: '50' 위치로 이동하기 　• '5'초 동안 x: '-30' y: '10' 위치로 이동하기 　• '새_3' 모양으로 바꾸기 ③ 장면이 시작되었을 때 　• 계속 반복하기 　　- 만일 '매미'에 닿았는가? 라면 　　　└ 방향을 '　(ㄴ)　' 만큼 회전하기 　　　└ '안녕! 매미야~ 반가워!'를 '3' 초 동안 '말하기' 　　　└ '매미와 대화(1)' 신호 보내기 　　　└ 반복 중단하기 ③ '매미와 대화(2)' 신호를 받았을 때 　• '그래 좋아'를 '4' 초 동안 '말하기'	

▶ '장면 2'의 '매미' 오브젝트

 '매미' 오브젝트가 '노란 새' 오브젝트와 대화를 나눈다.

[처리조건]	[주요블록]
◎ '매미와 대화(1)' 신호를 받았을 때 • '매미! 나도 반가워!'를 '3' 초 동안 '말하기' • '나랑 친구할래?'를 '3' 초 동안 '말하기' • '매미와 대화(2)' 신호 보내기	

【문제 3】 [주요블록]을 모두 사용하여 [처리조건]에 따라 프로젝트를 개선하시오. (10점)

▶ '장면 2'의 '울타리가 있는 언덕' 배경

 프로젝트를 다시 시작하려면 프로그램을 정지하고 프로그램을 시작해야 해서 불편하다. '장면 2'에서 '울타리가 있는 언덕' 배경을 클릭하면 처음부터 다시 실행하도록 하려고 한다.

[처리조건]	[주요블록]
◎ 오브젝트를 클릭했을 때 • '색깔' 효과를 '60' 으로 정하기 • '처음부터 다시 실행합니다.'를 '말하기' • '2' 초 기다리기 • 처음부터 다시 실행하기	

코딩활용능력
[CAT; CODING ABILITY TEST]

◉ 시험과목 : 코딩활용능력 2급 (엔트리)
◉ 시험일자 : 2025. 00. 00.(토)
◉ 응시자 기재사항 및 감독위원 확인

수 검 번 호	CAT - 2500 -	감독위원 확인

응시자 유의사항

1. 응시자는 신분증 또는 동등한 자격을 갖춘 증빙서류를 지참하여야 시험에 응시할 수 있으며, 시험이 종료될 때까지 신분증을 제시하지 못할 경우 해당 시험은 0점 처리됩니다.

2. 시스템(PC 작동 여부, 네트워크 상태 등)의 이상 여부를 반드시 확인하여야 하며, 시스템 이상이 있을 시 감독위원에게 조치를 받으셔야 합니다.

3. 시험 중 시스템 오류 또는 시스템 다운 증상에 대해서는 응시자 본인에게 책임이 있습니다.

4. 시험 중 부주의 또는 고의로 시스템을 파손한 경우는 응시자 부담으로 합니다.

5. **엔트리 버전은 최소 2.0.53 이상을 사용**하여야 하며, 답안 전송 프로그램을 통하여 배포 받은 파일에 답안을 작성하시기 바랍니다. 감독위원의 지시에 따라 주시기 바랍니다.

6. 작성한 답안 파일은 답안 전송 프로그램을 통하여 자동으로 전송됩니다.

7. 다음 사항의 경우 실격(0점) 혹은 부정행위 처리됩니다.
   ❶ 답안을 저장하지 않았거나, 저장한 파일이 손상되었을 경우
   ❷ 답안 파일을 다른 보조 기억장치(USB) 혹은 네트워크(메신저, 게시판 등)로 전송할 경우
   ❸ 휴대용 전화기 등 통신장비를 사용할 경우

8. 시험을 완료한 응시자는 답안을 저장하고, 답안 파일이 전송되었는지 확인한 후 감독위원의 지시에 따라 문제지를 제출한 후 퇴실하여야 합니다.

9. 시험시간이 종료된 이후에는 답안의 수정 또는 정정이 불가합니다.

10. 시험시행 후 결과는 홈페이지(www.ihd.or.kr)에서 확인하시기 바랍니다.
    ❶ 문제 및 정답 공개 : 2025. 00. 00.(화)
    ❷ 합격자 발표 : 2025. 00. 00.(금)

Korea Association for ICT Promotion
한국정보통신진흥협회 **KAIT**

유의사항

- 각 문제의 정답은 다음과 같은 규칙으로 ENT 파일을 저장하시오.
  - 저장 위치 : 바탕 화면 > KAIT > 제출파일 폴더
  - 파일명 : CAT-수검번호-이름.ent
  ※ 예시 : 수검번호가 CAT-2500-000000이고 수험자 이름이 홍길동인 경우
  " **CAT-000000-홍길동.ent** "로 저장할 것
- 수검 시 **지문 순서대로 작업**하며, 오브젝트 및 블록 등을 임의 추가 시 감점 처리됨
- 【문제 2~3】은 블록코딩을 원칙으로 하며, 오브젝트 설정 창에서 설정 시 감점 처리됨

프로젝트 설명

돋보기를 클릭하면 마우스포인터를 따라 다닌다. 돋보기를 매미에 닿게 하면 매미가 '맴맴'이라고 말한다. 고추잠자리에 닿게 하면, 펄럭이는 모양으로 바뀐다. 개미에 닿게 하면 크기가 커졌다 작아진다. 배경을 클릭하면 배경이 바뀌고 관찰한 곤충들의 이름을 알려준다.

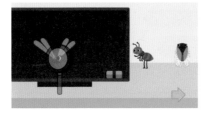  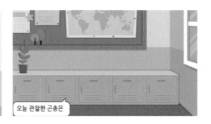

【문제 1】 다음 [처리조건]에 따라 배경 및 오브젝트를 설정하시오. (10점)

▶ **배경 설정하기**

[처리조건]	[배경]
① '장면 1'에 '학교 배경' 배경을 불러오기 - 이름을 **교실 앞** 으로 변경하기 ② '장면 2'에 '교실 뒤(3)' 배경을 불러오기 - 이름을 **교실 뒤**로 변경하기	① 학교 배경　　② 교실 뒤(3)  

▶ **오브젝트 설정하기** (오브젝트는 순서대로 불러올 것)

[처리조건]	[오브젝트]
① '장면 1'에 '돋보기(1)' 오브젝트를 불러오기 - 이름을 '**돋보기**'로 변경하기 ② '장면 1'에 '개미' 오브젝트를 불러오기 - 이름 **변경 없음** ③ '장면 2'에 '고추잠자리' 오브젝트를 불러오기 - 이름을 **변경 없음** ④ '장면 2'에 '매미' 오브젝트를 불러오기 - 이름을 **변경 없음** ※ 기존의 '엔트리봇' 오브젝트는 삭제한다.	① 돋보기(1)　　② 개미 ③ 고추잠자리　　④ 매미

【문제 2】 [주요블록]을 모두 사용하여 [처리조건]에 따라 오브젝트를 코딩하시오. (80점)

▶ '돋보기' 오브젝트

 '돋보기' 오브젝트를 클릭하면 마우스 포인터를 따라다닌다. 'esc' 키를 누르면 마우스 포인터 따라가기를 멈추고, '관찰 요약을 위해 배경을 클릭해주세요.'라고 말한다.

[처리조건]	[주요블록]

◎ 오브젝트를 클릭했을 때
• '투명도' 효과를 '50' 으로 정하기
• 계속 반복하기
 - '마우스포인터' 위치로 이동하기
 - 만일 ' (ㄱ) ' 키가 눌러져 있는가? 라면
  └ '관찰 요약을 위해 배경을 클릭해주세요.'를 '2' 초 동안 '말하기'
  └ 반복 중단하기
	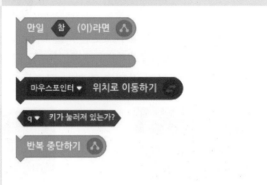

▶ '개미' 오브젝트

 '개미' 오브젝트가 '돋보기' 오브젝트에 닿으면 크기가 '40' 만큼 커졌다 작아지고, '관찰 목록' 리스트에 '개미' 항목을 추가한다.

[처리조건]	[주요블록]

① '관찰 목록' 리스트 만들기
 (리스트 항목 수는 '0', '모든 오브젝트에 사용' 설정하기)
② 시작하기 버튼을 클릭했을 때
 • x: '100' y: '0' 위치로 이동하기
 • 크기를 '70' 으로 정하기
 • 계속 반복하기
 - 만일 '돋보기'에 닿았는가? 라면
  └ 크기를 '40' 만큼 바꾸기
  └ '1' 초 기다리기
  └ 크기를 '-40' 만큼 바꾸기
  └ '1' 초 기다리기
  └ ' (ㄴ) ' 항목을 '관찰 목록'에 추가하기
  └ 반복 중단하기

▶ '고추잠자리' 오브젝트

'고추 잠자리' 오브젝트가 '돋보기' 오브젝트에 닿으면 날갯짓을 하는 모양으로 바뀌고, '관찰 목록' 리스트에 '고추잠자리' 항목을 추가한다.

[처리조건]	[주요블록]

◎ 시작하기 버튼을 클릭했을 때
• x: '-130' y: '0' 위치로 이동하기
• 계속 반복하기
 - 만일 '돋보기'에 닿았는가? 라면
  └ '다음' 모양으로 바꾸기
  └ '0.1' 초 기다리기
  └ '다음' 모양으로 바꾸기
  └ '0.1' 초 기다리기
  └ '고추잠자리' 항목을 '관찰 목록'에 추가하기
  └ 반복 중단하기
	만일 참 (이)라면
	
	마우스포인터 ▼ 에 닿았는가?
	
	0 항목을 대상 없음 ▼ 에 추가하기
	
	다음 ▼ 모양으로 바꾸기

▶ '매미' 오브젝트

'매미' 오브젝트가 '돋보기' 오브젝트에 닿으면 '맴맴'이라고 말하고, '관찰 목록' 리스트에 '매미' 항목을 추가한다.

[처리조건]	[주요블록]

① '항목번호' 변수 만들기
(변수 기본 값은 '0', '모든 오브젝트에 사용' 설정하기)
② 시작하기 버튼을 클릭했을 때
• 변수 '항목번호' 숨기기
• 리스트 '관찰 목록' 숨기기
• 크기를 '50' 으로 정하기
• x: '200' y: '0' 위치로 이동하기
• 계속 반복하기
 - 만일 '돋보기'에 닿았는가? 라면
  └ ' (ㄷ) '을 '1' 초 동안 '말하기'
  └ '매미' 항목을 '관찰 목록'에 추가하기
  └ 반복 중단하기

▶ '교실 앞' 배경

'교실 앞' 오브젝트를 클릭하면 다음 장면으로 이동한다.

[처리조건]	[주요블록]
◎ 오브젝트를 클릭했을 때 　• 다음 장면 시작하기	다음 ▼ 장면 시작하기

▶ '교실 뒤' 배경

'교실 뒤' 오브젝트를 클릭하면 관찰한 곤충의 이름을 말해준다.

[처리조건]	[주요블록]
◎ 장면이 시작되었을 때 　• 리스트 '관찰 목록' 숨기기 　• '항목번호 '를 '1' 로 정하기 　• '오늘 관찰한 곤충은 '을 '3' 초 동안 '말하기' 　• '관찰 목록' 항목 수 번 반복하기 　　- '관찰 목록' 의 '항목번호' 값 번째 항목을 　　　'2' 초 동안 '말하기' 　　- '항목번호' 에 '1' 만큼 더하기 　• '입니다.'를 '3' 초 동안 '말하기'	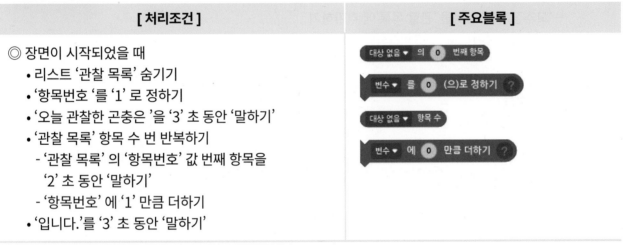

【문제 3】 [주요블록]을 모두 사용하여 [처리조건]에 따라 프로젝트를 개선하시오. (10점)

▶ '교실 뒤' 배경

프로젝트를 다시 시작하려면 프로그램을 정지하고 프로그램을 시작해야 해서 불편하다.
'장면 2'에서 '교실 뒤' 배경을 클릭하면 처음부터 다시 실행하도록 하려고 한다.

[처리조건]	[주요블록]
◎ 오브젝트를 클릭했을 때 　• '색깔' 효과를 '60' 으로 정하기 　• '처음부터 다시 실행합니다.' 를 '말하기' 　• '2' 초 기다리기 　• 처음부터 다시 실행하기	처음부터 다시 실행하기 색깔 ▼ 효과를 0 (으)로 정하기 오브젝트를 클릭했을 때

코딩활용능력
(CAT; CODING ABILITY TEST)

모의고사 제4회

● 시험과목 : 코딩활용능력 2급 (엔트리)
● 시험일자 : 2025. 00. 00.(토)
● 응시자 기재사항 및 감독위원 확인

수 검 번 호	CAT - 2500 -	감독위원 확인

응시자 유의사항

1. 응시자는 신분증 또는 동등한 자격을 갖춘 증빙서류를 지참하여야 시험에 응시할 수 있으며, 시험이 종료될 때까지 신분증을 제시하지 못할 경우 해당 시험은 0점 처리됩니다.

2. 시스템(PC 작동 여부, 네트워크 상태 등)의 이상 여부를 반드시 확인하여야 하며, 시스템 이상이 있을 시 감독위원에게 조치를 받으셔야 합니다.

3. 시험 중 시스템 오류 또는 시스템 다운 증상에 대해서는 응시자 본인에게 책임이 있습니다.

4. 시험 중 부주의 또는 고의로 시스템을 파손한 경우는 응시자 부담으로 합니다.

5. **엔트리 버전은 최소 2.0.53 이상을 사용**하여야 하며, 답안 전송 프로그램을 통하여 배포 받은 파일에 답안을 작성하시기 바랍니다. 감독위원의 지시에 따라 주시기 바랍니다.

6. 작성한 답안 파일은 답안 전송 프로그램을 통하여 자동으로 전송됩니다.

7. 다음 사항의 경우 실격(0점) 혹은 부정행위 처리됩니다.
   ❶ 답안을 저장하지 않았거나, 저장한 파일이 손상되었을 경우
   ❷ 답안 파일을 다른 보조 기억장치(USB) 혹은 네트워크(메신저, 게시판 등)로 전송할 경우
   ❸ 휴대용 전화기 등 통신장비를 사용할 경우

8. 시험을 완료한 응시자는 답안을 저장하고, 답안 파일이 전송되었는지 확인한 후 감독위원의 지시에 따라 문제지를 제출한 후 퇴실하여야 합니다.

9. 시험시간이 종료된 이후에는 답안의 수정 또는 정정이 불가합니다.

10. 시험시행 후 결과는 홈페이지(www.ihd.or.kr)에서 확인하시기 바랍니다.
    ❶ 문제 및 정답 공개 : 2025. 00. 00.(화)
    ❷ 합격자 발표 : 2025. 00. 00.(금)

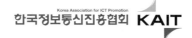

Korea Association for ICT Promotion
한국정보통신진흥협회 KAIT

유 의 사 항

- 각 문제의 정답은 다음과 같은 규칙으로 ENT 파일을 저장하시오.
  - 저장 위치 : 바탕 화면 > KAIT > 제출파일 폴더
  - 파일명 : CAT-수검번호-이름.ent
    ※ 예시 : 수검번호가 CAT-2500-000000이고 수험자 이름이 홍길동인 경우
      " **CAT-000000-홍길동.ent** "로 저장할 것
- 수검 시 **지문 순서대로 작업**하며, 오브젝트 및 블록 등을 임의 추가 시 감점 처리됨
- 【문제 2~3】은 블록코딩을 원칙으로 하며, 오브젝트 설정 창에서 설정 시 감점 처리됨

프로젝트 설명

하늘에서 벚꽃이 여기저기 떨어지고, 풍선이 왼쪽에서 오른쪽으로 이동한다. 보란색 판으로 야구공을 튕기면 야구공의 색깔이 변한다. 튕긴 야구공이 풍선을 맞추면 풍선이 우는 모양으로 바뀌고, 크기가 작아지며, 점수가 10점 올라간다. 야구공이 바닥에 떨어지면, 점수를 알려준다.

【문제 1】 다음 [처리조건]에 따라 배경 및 오브젝트를 설정하시오. (10점)

▶ **배경 설정하기**

[처리조건]	[배경]	
① '장면 1'에 '아름다운 세상_1' 배경을 불러오기 　- 이름을 '**언덕**' 으로 변경하기 ② '장면 2'에 '꽃밭(2)' 배경을 불러오기 　- 이름을 '**꽃밭**' 으로 변경하기	① 아름다운 세상_1 	② 꽃밭(2) 

▶ **오브젝트 설정하기** (오브젝트는 순서대로 불러올 것)

[처리조건]	[오브젝트]	
① '장면 1'에 '야구공' 오브젝트를 불러오기 　- 이름 **변경 없음** ② '장면 1'에 '판' 오브젝트를 불러오기 　- 이름 **변경 없음** ③ '장면 1'에 '풍선' 오브젝트를 불러오기 　- 이름을 **변경 없음** ④ '장면 1'에 '벚꽃잎' 오브젝트를 불러오기 　- 이름을 **변경 없음** ※ 기존의 '엔트리봇' 오브젝트는 삭제한다.	① 야구공 ③ 풍선 	② 판 ④ 벚꽃잎

【문제 2】 [주요블록]을 모두 사용하여 [처리조건]에 따라 오브젝트를 코딩하시오. (80점)

▶ '야구공' 오브젝트

'야구공' 오브젝트가 이동방향으로 '5'만큼씩 움직이다가 화면 끝에 닿으면 튕긴다. '야구공' 오브젝트가 '판' 오프젝트에 닿으면 튕기고, 아래쪽 벽에 닿으면 다음 장면으로 이동한다.

[처리조건]	[주요블록]

① 시작하기 버튼을 클릭했을 때
• x: '0' y: '100' 위치로 이동하기
• 방향을 '30°' 만큼 회전하기
• 크기를 '50' 으로 정하기
• 계속 반복하기
  - 만일 '판'에 닿았는가? 라면
    └ 방향을 '-60 부터 60 사이의 무작위 수' 로 정하기
    └ '색깔' 효과를 '0 부터 100 사이의 무작위 수' 로 정하기
  - 만일 '아래쪽 벽'에 닿았는가? 라면
    └ 모양 숨기기
    └ '다음' 장면 시작하기
② 시작하기 버튼을 클릭했을 때
• 계속 반복하기
  - 이동 방향으로 ' (ㄱ) ' 만큼 움직이기
  - 화면 끝에 닿으면 튕기기

▶ '판' 브젝트

'판' 오브젝트가 마우스 포인터 위치로 이동한다.

[처리조건]	[주요블록]
◎ 시작하기 버튼을 클릭했을 때 • 계속 반복하기 - x: 마우스 'x' 좌표값 위치로 이동하기	

▶ '풍선' 오브젝트

 왼쪽 끝에 위치한 '풍선' 오브젝트가 오른쪽으로 이동한다. '풍선' 오브젝트가 '야구공' 오브젝트에 닿으면 우는 모양으로 바뀌고 크기가 '10' 만큼 작아지며, 점수가 '10' 점 올라간다.

[처리조건]	[주요블록]

① '점수' 변수 만들기
(변수 기본 값은 '0', '모든 오브젝트에 사용' 설정하기)
② 시작하기 버튼을 클릭했을 때
  • '변수' 점수 숨기기
  • 계속 반복하기
   - 만일 '오른쪽 벽'에 닿았는가? 라면
    └ x: '-240' y: '130' 위치로 이동하기
   - 만일 '야구공'에 닿았는가? 라면
    └ '풍선_우는' 모양으로 바꾸기
    └ '점수'에 '10' 만큼 더하기
    └ 크기를 '　(ㄴ)　' 만큼 바꾸기
    └ '1' 초 기다리기

▶ '벚꽃잎' 오브젝트

 하늘에서 벚꽃이 여러 개로 복제되어 떨어지고, '아래쪽 벽'에 닿으면 사라진다.

[처리조건]	[주요블록]

① 시작하기 버튼을 클릭했을 때
  • 모양 숨기기
  • 크기를 '10' 으로 정하기
  • '투명도' 효과를 '50' 으로 정하기
  • 계속 반복하기
   - x: '-240 부터 240 사이의 무작위 수'
    y: '130' 위치로 이동하기
   - '자신'의 복제본 만들기
   - '2' 초 기다리기
② 복제본이 처음 생성되었을 때
  • 모양 보이기
  • 계속 반복하기
   - y 좌표를 '-5' 만큼 바꾸기
   - '0.5 부터 1.5 사이의 무작위 수' 초 기다리기
③ 복제본이 처음 생성되었을 때
  • 계속 반복하기
   - 만일 '　(ㄷ)　' 에 닿았는가? 라면
    └ 반복 중단하기

▶ '꽃밭' 배경

장면이 시작되면 점수를 말한다.

[처리조건]	[주요블록]
◎ 장면이 시작되었을 때 　• 변수 '점수' 숨기기 　• '당신의 점수는' 과 '점수' 값과 '점입니다.'를 　　합친 값 을 '4' 초 동안 '말하기'	

【문제 3】 [주요블록]을 모두 사용하여 [처리조건]에 따라 프로젝트를 개선하시오. (10점)

▶ '꽃밭' 배경

프로젝트를 다시 시작하려면 프로그램을 정지하고 프로그램을 시작해야 해서 불편하다.
'장면 2'에서 '꽃밭' 배경을 클릭하면 처음부터 다시 실행하도록 하려고 한다.

[처리조건]	[주요블록]
◎ 오브젝트를 클릭했을 때 　• '색깔' 효과를 '60' 으로 정하기 　• '처음부터 다시 실행합니다.' 를 '말하기' 　• '2' 초 기다리기 　• 처음부터 다시 실행하기	

코딩활용능력
(CAT; CODING ABILITY TEST)

◉ 시험과목 : 코딩활용능력 2급 (엔트리)
◉ 시험일자 : 2025. 00. 00.(토)
◉ 응시자 기재사항 및 감독위원 확인

수 검 번 호	CAT - 2500 -	감독위원 확인

응시자 유의사항

1. 응시자는 신분증 또는 동등한 자격을 갖춘 증빙서류를 지참하여야 시험에 응시할 수 있으며, 시험이 종료될 때까지 신분증을 제시하지 못할 경우 해당 시험은 0점 처리됩니다.

2. 시스템(PC 작동 여부, 네트워크 상태 등)의 이상 여부를 반드시 확인하여야 하며, 시스템 이상이 있을 시 감독위원에게 조치를 받으셔야 합니다.

3. 시험 중 시스템 오류 또는 시스템 다운 증상에 대해서는 응시자 본인에게 책임이 있습니다.

4. 시험 중 부주의 또는 고의로 시스템을 파손한 경우는 응시자 부담으로 합니다.

5. **엔트리 버전은 최소 2.0.53 이상을 사용**하여야 하며, 답안 전송 프로그램을 통하여 배포 받은 파일에 답안을 작성하시기 바랍니다. 감독위원의 지시에 따라 주시기 바랍니다.

6. 작성한 답안 파일은 답안 전송 프로그램을 통하여 자동으로 전송됩니다.

7. 다음 사항의 경우 실격(0점) 혹은 부정행위 처리됩니다.

   ❶ 답안을 저장하지 않았거나, 저장한 파일이 손상되었을 경우
   ❷ 답안 파일을 다른 보조 기억장치(USB) 혹은 네트워크(메신저, 게시판 등)로 전송할 경우
   ❸ 휴대용 전화기 등 통신장비를 사용할 경우

8. 시험을 완료한 응시자는 답안을 저장하고, 답안 파일이 전송되었는지 확인한 후 감독위원의 지시에 따라 문제지를 제출한 후 퇴실하여야 합니다.

9. 시험시간이 종료된 이후에는 답안의 수정 또는 정정이 불가합니다.

10. 시험시행 후 결과는 홈페이지(www.ihd.or.kr)에서 확인하시기 바랍니다.

    ❶ 문제 및 정답 공개 : 2025. 00. 00.(화)
    ❷ 합격자 발표 : 2025. 00. 00.(금)

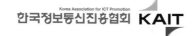

Korea Association for ICT Promotion
한국정보통신진흥협회 KAIT

유의사항

- 각 문제의 정답은 다음과 같은 규칙으로 ENT 파일을 저장하시오.
  - 저장 위치 : 바탕 화면 > KAIT > 제출파일 폴더
  - 파일명 : CAT-수검번호-이름.ent
  - ※ 예시 : 수검번호가 CAT-2500-000000이고 수험자 이름이 홍길동인 경우
    " **CAT-000000-홍길동.ent** "로 저장할 것
- 수검 시 **지문 순서대로 작업**하며, 오브젝트 및 블록 등을 임의 추가 시 감점 처리됨
- 【문제 2~3】은 블록코딩을 원칙으로 하며, 오브젝트 설정 창에서 설정 시 감점 처리됨

프로젝트 설명

바닷속에 물고기가 헤엄치고 있다. 노란 복어는 왼쪽 벽과 오른쪽 벽 사이로 왔다갔다 하고, 빨간 물고기가 복어를 따라다닌다. 노란 복어가 벽에 닿으면 긴 해파리와 짧은 해파리가 나타나 위쪽으로 헤엄친다. 30초가 경과하면 수중 탐험 시간이 끝났다고 말한다.

【문제 1】 다음 [처리조건]에 따라 배경 및 오브젝트를 설정하시오. (10점)

▶ **배경 설정하기**

[처리조건]	[배경]	
① '장면 1'에 '바닷속(4)' 배경을 불러오기 　- 이름을 '**바닷속**' 으로 변경하기 ② '장면 2'에 '바다' 배경을 불러오기 　- 이름 **변경 없음**	① 바닷속(4) 	② 바다 

▶ <u>**오브젝트 설정하기**</u> (오브젝트는 순서대로 불러올 것)

[처리조건]	[오브젝트]	
① '노란 복어' 오브젝트를 불러오기 　- 이름 **변경 없음** ② '빨간 물고기' 오브젝트를 불러오기 　- 이름 **변경 없음** ③ '짧은 해파리' 오브젝트를 불러오기 　- 이름 **변경 없음** ④ '긴 해파리' 오브젝트를 불러오기 　- 이름 **변경 없음** ※ 기존의 '엔트리봇' 오브젝트는 삭제한다.	① 노란 복어 	② 빨간 물고기
	③ 짧은 해파리 	④ 긴 해파리

【문제 2】 [주요블록]을 모두 사용하여 [처리조건]에 따라 오브젝트를 코딩하시오. (80점)

▶ '노란 복어' 오브젝트

'노란 복어' 오브젝트는 왼쪽 벽과 오른쪽 벽 사이로 왔다 갔다 한다. 벽에 닿으면 좌우 모양을 뒤집고 이동 방향을 '180°' 만큼 회전한다. 그리고 '해파리 등장' 신호를 보낸다.

[처리조건]	[주요블록]
① '해파리 등장' 신호 만들기 ② 시작하기 버튼을 클릭했을 때 　• 좌우 모양 뒤집기 　• 계속 반복하기 　　- 이동 방향으로 '10' 만큼 움직이기 　　- '0.2' 초 기다리기 　　- 만일 '벽' 에 닿았는가? 라면 　　　└ 이동 방향을 ' (ㄱ) ' 만큼 회전하기 　　　└ 좌우 모양 뒤집기 　　　└ '해파리 등장' 신호 보내기	

▶ '빨간 물고기' 오브젝트

'빨간 물고기' 오브젝트는 '수중 탐험을 시작해 볼까요? (탐험 시간 30초)'를 말하고, '노란 복어' 오브젝트를 바라보며 따라다닌다. 초시계가 '30'초를 경과하면 다음 장면이 시작된다.

[처리조건]	[주요블록]
① 시작하기 버튼을 클릭했을 때 　• 크기를 '50' 으로 정하기 　• 계속 반복하기 　　- '2' 초 동안 '노란 복어' 위치로 이동하기 　　- '노란 복어' 쪽 바라보기 ② 시작하기 버튼을 클릭했을 때 　• 초시계 '시작하기' 　• '수중 탐험을 시작해 볼까요? (탐험시간 30초)'를 '3' 　　초 동안 '말하기' 　• '초시계 값' > ' (ㄴ) ' 이 될 때까지 기다리기 　• 초시계 '정지하기' 　• '다음' 장면 시작하기	

▶ '짧은 해파리' 오브젝트

 '해파리 등장' 신호를 받으면, '짧은 해파리' 오브젝트가 모양을 보이고 '4'초 동안 바다 위쪽으로 이동한다. 시작하기 버튼을 클릭하거나 위쪽 벽에 닿으면 모양을 숨긴다.

[처리조건]	[주요블록]

① 시작하기 버튼을 클릭했을 때
• 모양 숨기기
• 계속 반복하기
  - 만일 '위쪽 벽' 에 닿았는가? 라면
    └ 모양 숨기기
② '해파리 등장' 신호를 받았을 때
• 모양 보이기
• 크기를 '50 부터 100 사이의 무작위 수' 로 정하기
• x: '-230 부터 230 사이의 무작위 수' y: '-130' 위치로 이동하기
• ' (ㄷ) ' 초 동안 x: '-230 부터 230 사이의 무작위 수' y: '130' 위치로 이동하기

▶ '긴 해파리' 오브젝트

 '해파리 등장' 신호를 받으면, '긴 해파리' 오브젝트가 모양을 보이고 '4'초 동안 바다 위쪽으로 이동한다. 시작하기 버튼을 클릭하거나 위쪽 벽에 닿으면 모양을 숨긴다.

[처리조건]	[주요블록]

① 시작하기 버튼을 클릭했을 때
• 모양 숨기기
• 계속 반복하기
  - 만일 '위쪽 벽' 에 닿았는가? 라면
    └ 모양 숨기기
② '해파리 등장' 신호를 받았을 때
• 모양 보이기
• 크기를 '50 부터 100 사이의 무작위 수' 로 정하기
• x: '-230 부터 230 사이의 무작위 수'
  y: '-130' 위치로 이동하기
• ' (ㄹ) ' 초 동안 x: '-230 부터 230 사이의 무작위 수'
  y: '130' 위치로 이동하기
	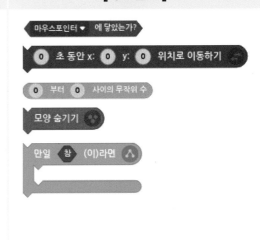

▶ '바다' 배경

    장면이 시작되면 '탐험 시간이 끝났습니다.'를 말한다.

[처리조건]	[주요블록]
◎ 장면이 시작되었을 때 • 초시계 '숨기기' • '탐험 시간이 끝났습니다.'를 '3' 초 동안 '말하기'	초시계 숨기기 ▼ 안녕! 을(를) 0 초 동안 말하기

【문제 3】 [주요블록]을 모두 사용하여 [처리조건]에 따라 프로젝트를 개선하시오. (10점)

▶ '바다' 배경

   프로젝트를 다시 시작하려면 프로그램을 정지하고 프로그램을 시작해야 해서 불편하다. '장면 2'에서 '바다' 배경을 클릭하면 처음부터 다시 실행하도록 하려고 한다.

[처리조건]	[주요블록]
◎ 오브젝트를 클릭했을 때 • '색깔' 효과를 '60' 으로 정하기 • '처음부터 다시 실행합니다.' 를 '말하기' • '2' 초 기다리기 • 처음부터 다시 실행하기	처음부터 다시 실행하기 색깔 ▼ 효과를 0 (으)로 정하기 오브젝트를 클릭했을 때

코딩활용능력
(CAT; CODING ABILITY TEST)

● 시험과목 : 코딩활용능력 2급 (엔트리)
● 시험일자 : 2025. 00. 00.(토)
● 응시자 기재사항 및 감독위원 확인

수 검 번 호	CAT - 2500 -	감독위원 확인

응시자 유의사항

1. 응시자는 신분증 또는 동등한 자격을 갖춘 증빙서류를 지참하여야 시험에 응시할 수 있으며, 시험이 종료될 때까지 신분증을 제시하지 못할 경우 해당 시험은 0점 처리됩니다.

2. 시스템(PC 작동 여부, 네트워크 상태 등)의 이상 여부를 반드시 확인하여야 하며, 시스템 이상이 있을 시 감독위원에게 조치를 받으셔야 합니다.

3. 시험 중 시스템 오류 또는 시스템 다운 증상에 대해서는 응시자 본인에게 책임이 있습니다.

4. 시험 중 부주의 또는 고의로 시스템을 파손한 경우는 응시자 부담으로 합니다.

5. 엔트리 버전은 최소 2.0.53 이상을 사용하여야 하며, 답안 전송 프로그램을 통하여 배포 받은 파일에 답안을 작성하시기 바랍니다. 감독위원의 지시에 따라 주시기 바랍니다.

6. 작성한 답안 파일은 답안 전송 프로그램을 통하여 자동으로 전송됩니다.

7. 다음 사항의 경우 실격(0점) 혹은 부정행위 처리됩니다.

　❶ 답안을 저장하지 않았거나, 저장한 파일이 손상되었을 경우

　❷ 답안 파일을 다른 보조 기억장치(USB) 혹은 네트워크(메신저, 게시판 등)로 전송할 경우

　❸ 휴대용 전화기 등 통신장비를 사용할 경우

8. 시험을 완료한 응시자는 답안을 저장하고, 답안 파일이 전송되었는지 확인한 후 감독위원의 지시에 따라 문제지를 제출한 후 퇴실하여야 합니다.

9. 시험시간이 종료된 이후에는 답안의 수정 또는 정정이 불가합니다.

10. 시험시행 후 결과는 홈페이지(www.ihd.or.kr)에서 확인하시기 바랍니다.

　❶ 문제 및 정답 공개 : 2025. 00. 00.(화)

　❷ 합격자 발표 : 2025. 00. 00.(금)

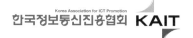

한국정보통신진흥협회 KAIT
Korea Association for ICT Promotion

유 의 사 항
- 각 문제의 정답은 다음과 같은 규칙으로 ENT 파일을 저장하시오.
  - 저장 위치 : 바탕 화면 > KAIT > 제출파일 폴더
  - 파일명 : CAT-수검번호-이름.ent
  ※ 예시 : 수검번호가 CAT-2500-000000이고 수험자 이름이 홍길동인 경우
    " **CAT-000000-홍길동.ent** "로 저장할 것
- 수검 시 **지문 순서대로 작업**하며, 오브젝트 및 블록 등을 임의 추가 시 감점 처리됨
- 【문제 2~3】은 블록코딩을 원칙으로 하며, 오브젝트 설정 창에서 설정 시 감점 처리됨

프로젝트 설명

어린이가 놀이터에 가기 위해 마을 앞 건널목에 서 있다. 신호등이 빨간색에서 초록색으로 바뀌면 움직이는 차가 멈추고, 어린이는 길을 건넌다. 신호등이 빨간색이 되면, 다시 자동차가 움직인다. 자동차가 왼쪽 벽에 닿으면 놀이터가 나타난다.

  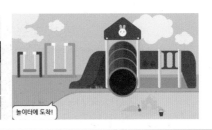

【문제 1】 다음 [처리조건]에 따라 배경 및 오브젝트를 설정하시오. (10점)

▶ 배경 설정하기

[처리조건]	[배경]	
① '장면 1'에 '마을' 배경을 불러오기 - 이름을 '**마을 앞 건널목**'으로 변경하기 ② '장면 2'에 '놀이터' 배경을 불러오기 - 이름 **변경 없음**	① 마을 	② 놀이터 

▶ 오브젝트 설정하기 (오브젝트는 순서대로 불러올 것)

[처리조건]	[오브젝트]	
① '어린이(1)' 오브젝트를 불러오기 - 이름을 '**어린이**'로 변경하기 ② '자동차' 오브젝트를 불러오기 - 이름 **변경 없음** ③ '신호등(1)' 오브젝트를 불러오기 - 이름을 '**신호등 봉**' 으로 변경하기 ④ '신호등(2)' 오브젝트를 불러오기 - 이름을 '**신호등**' 으로 변경하기 ※ 기존의 '엔트리봇' 오브젝트는 삭제한다.	① 어린이(1)	② 자동차
	④ 신호등(1)	③ 신호등(2)

【문제 2】 [주요블록]을 모두 사용하여 [처리조건]에 따라 오브젝트를 코딩하시오. (80점)

▶ '어린이' 오브젝트

'어린이' 오브젝트가 '길을 건너서 놀이터에 가야지'를 말하고, '초록불 켜짐' 신호를 받았을 때 아래쪽으로 '4'초 동안 이동해 건널목을 건넌다.

[처리조건]	[주요블록]
① 신호 만들기 　• '초록불 켜짐' 신호 만들기 　• '빨간불 켜짐' 신호 만들기 ② 시작하기 버튼을 클릭했을 때 　• 크기를 '80' 으로 정하기 　• 이동 방향을 '90°' 로 정하기 　• '길을 건너서 놀이터에 가야지'를 '3' 초 동안 '말하기' ③ '초록불 켜짐' 신호를 받았을 때 　• '　(ㄱ)　' 초 동안 x: '어린이' 의 'x 좌표값' 　　y: '-100' 위치로 이동하기	

▶ '자동차' 오브젝트

'자동차' 오브젝트가 '빨간불 켜짐' 신호를 받았을 때 이동 방향으로 움직이다가 '신호등' 오브젝트의 모양이름이 '신호등(2)_초록'이 되면 이동을 멈춘다. '자동차' 오브젝트가 왼쪽 벽에 닿으면 놀이터 장면이 시작된다.

[처리조건]	[주요블록]
① 시작하기 버튼을 클릭했을 때 　• 좌우 모양 뒤집기 　• x: '200' y: '-40' 위치로 이동하기 　• 이동 방향을 '270°' 로 정하기 ② '　(ㄴ)　' 신호를 받았을 때 　• 계속 반복하기 　　- 이동 방향으로 '20' 만큼 움직이기 　　- '1' 초 기다리기 　　- 만일 '신호등' 의 '모양 이름' = '신호등(2)_초록' 이라면 　　　└ 반복 중단하기 　　- 만일 '왼쪽 벽' 에 닿았는가? 라면 　　　└ '다음' 장면 시작하기	

▶ '신호등' 오브젝트

'신호등' 오브젝트가 3초 간격으로 빨간색, 초록색, 빨간색 순서로 바뀐다. 빨간색이면 '빨간불 켜짐' 신호가 보내지고, 초록색이면 '초록불 켜짐' 신호가 보내진다.

[처리조건]	[주요블록]
◎ 시작하기 버튼을 클릭했을 때 • 크기를 '50' 으로 정하기 • x: '-100' y: '60' 위치로 이동하기 • 방향을 '90°' 만큼 회전하기 • '신호등(2)_빨강' 모양으로 바꾸기 • '빨간불 켜짐' 신호 보내기 • '3' 초 기다리기 • '신호등(2)_초록' 모양으로 바꾸기 • '　(ㄷ)　' 신호 보내기 • '3' 초 기다리기 • '신호등(2)_빨강' 모양으로 바꾸기 • '빨간불 켜짐' 신호 보내기 • '3' 초 기다리기	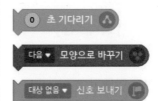

▶ '신호등 봉' 오브젝트

'신호등 봉' 오브젝트가 특정 위치로 이동한다.

[처리조건]	[주요블록]
◎ 시작하기 버튼을 클릭했을 때 • x: '-100' y: '0' 위치로 이동하기	x: 0 y: 0 위치로 이동하기

▶ '놀이터' 배경

장면이 시작되면 '놀이터에 도착!'을 말한다.

[처리조건]	[주요블록]
◎ 장면이 시작되었을 때 • '놀이터에 도착'을 '3' 초 동안 '말하기'	

【문제 3】 [주요블록]을 모두 사용하여 [처리조건]에 따라 프로젝트를 개선하시오. (10점)

▶ '놀이터' 배경

프로젝트를 다시 시작하려면 프로그램을 정지하고 프로그램을 시작해야 해서 불편하다. '장면 2'에서 '놀이터' 배경을 클릭하면 처음부터 다시 실행하도록 하려고 한다.

[처리조건]	[주요블록]
◎ 오브젝트를 클릭했을 때 • '색깔' 효과를 '60' 으로 정하기 • '처음부터 다시 실행합니다.' 를 '말하기' • '2' 초 기다리기 • 처음부터 다시 실행하기	

코딩활용능력
(CAT; CODING ABILITY TEST)

◉ 시험과목 : 코딩활용능력 2급 (엔트리)
◉ 시험일자 : 2025. 00. 00.(토)
◉ 응시자 기재사항 및 감독위원 확인

수 검 번 호	CAT - 2500 -	감독위원 확인

응시자 유의사항

1. 응시자는 신분증 또는 동등한 자격을 갖춘 증빙서류를 지참하여야 시험에 응시할 수 있으며, 시험이 종료될 때까지 신분증을 제시하지 못할 경우 해당 시험은 0점 처리됩니다.

2. 시스템(PC 작동 여부, 네트워크 상태 등)의 이상 여부를 반드시 확인하여야 하며, 시스템 이상이 있을 시 감독위원에게 조치를 받으셔야 합니다.

3. 시험 중 시스템 오류 또는 시스템 다운 증상에 대해서는 응시자 본인에게 책임이 있습니다.

4. 시험 중 부주의 또는 고의로 시스템을 파손한 경우는 응시자 부담으로 합니다.

5. **엔트리 버전은 최소 2.0.53 이상을 사용하여야** 하며, 답안 전송 프로그램을 통하여 배포 받은 파일에 답안을 작성하시기 바랍니다. 감독위원의 지시에 따라 주시기 바랍니다.

6. 작성한 답안 파일은 답안 전송 프로그램을 통하여 자동으로 전송됩니다.

7. 다음 사항의 경우 실격(0점) 혹은 부정행위 처리됩니다.

   ❶ 답안을 저장하지 않았거나, 저장한 파일이 손상되었을 경우

   ❷ 답안 파일을 다른 보조 기억장치(USB) 혹은 네트워크(메신저, 게시판 등)로 전송할 경우

   ❸ 휴대용 전화기 등 통신장비를 사용할 경우

8. 시험을 완료한 응시자는 답안을 저장하고, 답안 파일이 전송되었는지 확인한 후 감독위원의 지시에 따라 문제지를 제출한 후 퇴실하여야 합니다.

9. 시험시간이 종료된 이후에는 답안의 수정 또는 정정이 불가합니다.

10. 시험시행 후 결과는 홈페이지(www.ihd.or.kr)에서 확인하시기 바랍니다.

    ❶ 문제 및 정답 공개 : 2025. 00. 00.(화)

    ❷ 합격자 발표 : 2025. 00. 00.(금)

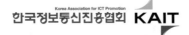

Korea Association for ICT Promotion
한국정보통신진흥협회 **KAIT**

유의사항

• 각 문제의 정답은 다음과 같은 규칙으로 ENT 파일을 저장하시오.
- 저장 위치 : 바탕 화면 > KAIT > 제출파일 폴더
- 파일명 : CAT-수검번호-이름.ent
※ 예시 : 수검번호가 CAT-2500-000000이고 수험자 이름이 홍길동인 경우
" **CAT-000000-홍길동.ent** "로 저장할 것
• 수검 시 **지문 순서대로 작업**하며, 오브젝트 및 블록 등을 임의 추가 시 감점 처리됨
• 【문제 2~3】은 블록코딩을 원칙으로 하며, 오브젝트 설정 창에서 설정 시 감점 처리됨

프로젝트 설명

스페이스 키를 누르면 투수가 야구공을 던진다. 타자가 야구공을 치면, 타자는 일루 위치로 이동하고, '일루 확보!'라고 말한다. 타자가 야구공을 치지 못하면 '스트라이크'라고 말하고, 3번 스트라이크가 되면 '아웃'이라고 말한다.

  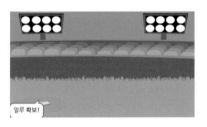

【문제 1】 다음 [처리조건]에 따라 배경 및 오브젝트를 설정하시오. (10점)

▶ 배경 설정하기

[처리조건]	[배경]	
① '장면 1'에 '야구장_2' 배경을 불러오기 - 이름을 '**야구장**' 으로 변경하기 ② '장면 2'에 '야구장' 배경을 불러오기 - 이름을 '**야구장 관중석**' 으로 변경하기	① 야구장_2 	② 야구장 

▶ 오브젝트 설정하기 (오브젝트는 순서대로 불러올 것)

[처리조건]	[오브젝트]	
① '야구공' 오브젝트를 불러오기 - 이름 **변경 없음** ② '투수(3)' 오브젝트를 불러오기 - 이름을 '**투수**'로 변경하기 ③ '타자' 오브젝트를 불러오기 - 이름 **변경 없음** ④ '체크상자' 오브젝트를 불러오기 - 이름을 '**일루**'로 변경하기 ※ 기존의 '엔트리봇' 오브젝트는 삭제한다.	① 야구공	② 투수(3)
	③ 타자	④ 체크상자

【문제 2】 [주요블록]을 모두 사용하여 [처리조건]에 따라 오브젝트를 코딩하시오. (80점)

▶ '야구공' 오브젝트

'야구공' 오브젝트가 '투수' 오브젝트가 위치한 곳으로 이동한다. '순서1' 신호를 받으면, '타자' 오브젝트가 위치한 근처인 무작위 수 위치로 '야구공' 오브젝트가 이동한다. '순서3' 신호를 받으면, 이루와 삼루 사이의 무작위 수 위치로 이동한다.

[처리조건]	[주요블록]

① 신호 만들기
  • '순서1' 신호 만들기
  • '순서2' 신호 만들기
  • '순서3' 신호 만들기
② 시작하기 버튼을 클릭했을 때
  • 크기를 '30' 으로 정하기
  • x: '0' y: '40' 위치로 이동하기
③ '순서1' 신호를 받았을 때
  • '2' 초 동안 x: '-50 부터 50 사이의 무작위 수'
   y: '-80' 위치로 이동하기
  • '순서2' 신호 보내기
④ ' (ㄱ) ' 신호를 받았을 때
  • '1' 초 동안 x: '-100 부터 -50 사이의 무작위 수'
   y: '50' 위치로 이동하기

▶ '투수' 오브젝트

스페이스 키를 누르면 '투수' 오브젝트가 공을 던지는 모양으로 바뀌고, '순서1' 신호를 보낸다.

[처리조건]	[주요블록]

① 시작하기 버튼을 클릭했을 때
  • x: '0' y: '40' 위치로 이동하기
  • '경기를 시작하려면 스페이스 키를 누르세요.'를
   '4' 초 동안 '말하기'
② '스페이스' 키를 눌렀을 때
  • '4' 번 반복하기
   - '0.5' 초 기다리기
   - '다음' 모양으로 바꾸기
  • ' (ㄴ) ' 신호 보내기

▶ '타자' 오브젝트

'타자' 오브젝트가 야구공을 친다. '야구공' 오브젝트에 닿으면, '일루' 오브젝트 위치로 이동하고, 다음 장면이 시작된다. '타자' 오브젝트가 야구공을 치지 못하면 다시 처음부터 시작하고, 야구공을 '3'번 치지 못하면 '아웃'이라고 말한다.

[처리조건]	[주요블록]

① '스트라이크 횟수' 변수 만들기
  (변수 기본 값은 '0', '모든 오브젝트에 사용' 설정하기)
② 시작하기 버튼을 클릭했을 때
  • 변수 '스트라이크 횟수' 숨기기
  • '타자_1' 모양으로 바꾸기
  • x: '0' y: '-60' 위치로 이동하기
③ '순서2' 신호를 받았을 때
  • '4' 번 반복하기
   - '다음' 모양으로 바꾸기
   - '0.1' 초 기다리기
  • 계속 반복하기
   - 만일 '야구공 '에 닿았는가? 라면
     └ '타자_4' 모양으로 바꾸기
     └ '순서3' 신호 보내기
     └ '2' 초 동안 '일루' 위치로 이동하기
     └ '다음' 장면 시작하기
   - 아니면
     └ '스트라이크!' 를 '3' 초 동안 '말하기'
     └ '스트라이크 횟수'에 '1' 만큼 더하기
     └ 만일 '스트라이크 횟수' 값 = '　(ㄷ)　' 이라면 >
       '다음' 장면 시작하기
     └ 처음부터 다시 실행하기

▶ '일루' 오브젝트

'일루' 오브젝트가 특정 위치로 이동한다.

[처리조건]	[주요블록]

◎ 시작하기 버튼을 클릭했을 때
  • x: '145' y: '16' 위치로 이동하기
  • 크기를 '30' 으로 정하기

▶ '야구장 관중석' 배경

 스트라이크 횟수가 3번이면 '아웃'이라고 말하고, 그렇지 않으면 '일루 확보!'라고 말한다.

[처리조건]	[주요블록]
◎ 장면이 시작되었을 때 　• 만일 '스트라이크 횟수' 값 = '3' 이라면 　　- '아웃!' 을 '2' 초 동안 '말하기' 　• 아니면 　　- '일루 확보!' 를 '2' 초 동안 '말하기'	0 = 0 만일 참 (이)라면 ∧ 아니면

【문제 3】 [주요블록]을 모두 사용하여 [처리조건]에 따라 프로젝트를 개선하시오. (10점)

▶ '야구장 관중석' 배경

 프로젝트를 다시 시작하려면 프로그램을 정지하고 프로그램을 시작해야 해서 불편하다.
'장면 2'에서 '놀이터' 배경을 클릭하면 처음부터 다시 실행하도록 하려고 한다.

[처리조건]	[주요블록]
◎ 오브젝트를 클릭했을 때 　• '색깔' 효과를 '60' 으로 정하기 　• '처음부터 다시 실행합니다.' 를 '말하기' 　• '2' 초 기다리기 　• 처음부터 다시 실행하기	처음부터 다시 실행하기 ∧ 색깔 ▼ 효과를 0 (으)로 정하기 오브젝트를 클릭했을 때

코딩활용능력
(CAT; CODING ABILITY TEST)

모의고사 제8회

◉ 시험과목 : 코딩활용능력 2급 (엔트리)
◉ 시험일자 : 2025. 00. 00.(토)
◉ 응시자 기재사항 및 감독위원 확인

수 검 번 호	CAT - 2500 -	감독위원 확인

응시자 유의사항

1. 응시자는 신분증 또는 동등한 자격을 갖춘 증빙서류를 지참하여야 시험에 응시할 수 있으며, 시험이 종료될 때까지 신분증을 제시하지 못할 경우 해당 시험은 0점 처리됩니다.

2. 시스템(PC 작동 여부, 네트워크 상태 등)의 이상 여부를 반드시 확인하여야 하며, 시스템 이상이 있을 시 감독위원에게 조치를 받으셔야 합니다.

3. 시험 중 시스템 오류 또는 시스템 다운 증상에 대해서는 응시자 본인에게 책임이 있습니다.

4. 시험 중 부주의 또는 고의로 시스템을 파손한 경우는 응시자 부담으로 합니다.

5. **엔트리 버전은 최소 2.0.53 이상을 사용**하여야 하며, 답안 전송 프로그램을 통하여 배포 받은 파일에 답안을 작성하시기 바랍니다. 감독위원의 지시에 따라 주시기 바랍니다.

6. 작성한 답안 파일은 답안 전송 프로그램을 통하여 자동으로 전송됩니다.

7. 다음 사항의 경우 실격(0점) 혹은 부정행위 처리됩니다.
   ❶ 답안을 저장하지 않았거나, 저장한 파일이 손상되었을 경우
   ❷ 답안 파일을 다른 보조 기억장치(USB) 혹은 네트워크(메신저, 게시판 등)로 전송할 경우
   ❸ 휴대용 전화기 등 통신장비를 사용할 경우

8. 시험을 완료한 응시자는 답안을 저장하고, 답안 파일이 전송되었는지 확인한 후 감독위원의 지시에 따라 문제지를 제출한 후 퇴실하여야 합니다.

9. 시험시간이 종료된 이후에는 답안의 수정 또는 정정이 불가합니다.

10. 시험시행 후 결과는 홈페이지(www.ihd.or.kr)에서 확인하시기 바랍니다.
    ❶ 문제 및 정답 공개 : 2025. 00. 00.(화)
    ❷ 합격자 발표 : 2025. 00. 00.(금)

Korea Association for ICT Promotion
한국정보통신진흥협회 KAIT

유의사항

- 각 문제의 정답은 다음과 같은 규칙으로 ENT 파일을 저장하시오.
  - 저장 위치 : 바탕 화면 > KAIT > 제출파일 폴더
  - 파일명 : CAT-수검번호-이름.ent
    ※ 예시 : 수검번호가 CAT-2500-000000이고 수험자 이름이 홍길동인 경우
    " **CAT-000000-홍길동.ent** "로 저장할 것
- 수검 시 **지문 순서대로 작업**하며, 오브젝트 및 블록 등을 임의 추가 시 감점 처리됨
- 【문제 2~3】은 블록코딩을 원칙으로 하며, 오브젝트 설정 창에서 설정 시 감점 처리됨

프로젝트 설명

화살표 키를 눌러 골대 앞에 있는 축구선수를 좌우로 이동하게 한다. 축구공이 골대로 날아갈 때 축구선수가 공을 막으면 '성공!'이라고 말하고, 골대 안에 들어가면 '실패!'라고 말한다. 총 10번의 경기를 진행한 후 축구선수의 승률을 말해준다.

【문제 1】 다음 [처리조건]에 따라 배경 및 오브젝트를 설정하시오. (10점)

▶ 배경 설정하기

[처리조건]	[배경]	
① '장면 1'에 '잔디밭' 배경을 불러오기 - 이름 **변경 없음** ② '장면 2'에 '운동장' 배경을 불러오기 - 이름 **변경 없음**	① 잔디밭	② 운동장

▶ 오브젝트 설정하기 (오브젝트는 순서대로 불러올 것)

[처리조건]	[오브젝트]	
① '축구공' 오브젝트를 불러오기 - 이름 **변경 없음** ② '축구선수' 오브젝트를 불러오기 - 이름 **변경 없음** ③ '골대(1)' 오브젝트를 불러오기 - 이름을 '**골대**'로 변경하기 ※ 기존의 '엔트리봇' 오브젝트는 삭제한다.	① 축구공 	② 축구선수 
	③ 골대(1)	

【문제 2】 [주요블록]을 모두 사용하여 [처리조건]에 따라 오브젝트를 코딩하시오. (80점)

▶ '축구공' 오브젝트

'축구공' 오브젝트가 '3초 후 시작합니다'라고 말하고, 골대 위치로 이동한다. '축구공' 오브젝트가 '골대' 오브젝트에 닿으면 '실패!'라고 말하고 '축구선수' 오브젝트에 닿으면 '성공!'이라고 말한다. 총 경기횟수가 '10'번이면 다음 장면을 시작한다.

[처리조건]	[주요블록]

[처리조건]

① 신호 만들기
 • '경기 시작' 신호 만들기
 • '카운트다운' 신호 만들기
② 변수 만들기
 • '숫자' 변수 만들기
 • '성공 횟수' 변수 만들기
 • '총 경기 횟수' 변수 만들기
  (변수 기본 값은 '0', '모든 오브젝트에 사용' 설정하기)
③ 시작하기 버튼을 클릭했을 때
 • 변수 '숫자' 숨기기
 • x: '0' y: '-110' 위치로 이동하기
 • 크기를 '50' 으로 정하기
 • 계속 반복하기
  - 만일 '총 경기횟수' 값 = ' (ㄱ) ' 이라면
   └ 다음 장면 시작하기
④ '경기 시작' 신호를 받았을 때
 • '카운트다운' 신호 보내고 기다리기
 • 계속 반복하기
  - 이동 방향을 '30°' 로 정하기
  - 이동 방향으로 '10' 만큼 움직이기
  - 만일 '골대' 에 닿았는가? 라면
   └ '실패!' 를 '1' 초 동안 '말하기'
   └ '총 경기횟수' 에 '1' 만큼 더하기
   └ 반복 중단하기
  - 만일 '축구선수' 에 닿았는가? 라면
   └ '성공!' 을 '1' 초 동안 '말하기'
   └ '총 경기 횟수' 에 '1' 만큼 더하기
   └ '성공 횟수' 에 '1' 만큼 더하기
   └ 반복 중단하기
 • x: '0' y: '-110' 위치로 이동하기
 • '경기 시작' 신호 보내기
⑤ '카운트다운' 신호를 받았을 때
 • '3초 후 시작합니다.' 를 '2' 초 동안 '말하기'
 • '숫자' 를 '3' 으로 정하기
 • '3' 번 반복하기
 - '숫자' 값 을 '1' 초 동안 '말하기'
 - '숫자' 에 '-1' 만큼 더하기

[주요블록]

▶ '축구선수' 오브젝트

왼쪽 화살표 키를 누르면 '축구선수' 오브젝트의 x 좌표를 '–5'만큼 바꾸고, 오른쪽 화살표 키를 누르면 '5'만큼 바꾼다.

[처리조건]	[주요블록]

◎ 시작하기 버튼을 클릭했을 때
 • '좌우 화살표를 눌러 공을 막아보세요.'를 '3' 초 동안 '말하기'
 • '경기 시작' 신호 보내기
 • 계속 반복하기
  - 만일 '왼쪽 화살표' 키가 눌러져 있는가? 라면
   └ x 좌표를 '-5' 만큼 바꾸기
  - 만일 '오른쪽 화살표' 키가 눌러져 있는가? 라면
   └ x 좌표를 ' (ㄴ) ' 만큼 바꾸기

▶ '골대' 오브젝트

'골대' 오브젝트가 특정 위치로 이동한다.

[처리조건]	[주요블록]
◎ 시작하기 버튼을 클릭했을 때 • x: '0' y: '60' 위치로 이동하기 • 크기를 '200' 으로 정하기	x: 0 y: 0 위치로 이동하기

▶ '운동장' 배경

 '성공 횟수' 값을 '총 경기 횟수' 값으로 나눈 결과를 승률로 말해준다.

[처리조건]	[주요블록]
◎ 장면이 시작되었을 때 　• '승률: ' 과 '　(ㄷ)　' 값 / '총 경기 횟수' 값을 합친 값을 　'3' 초 동안 '말하기'	

【문제 3】 [주요블록]을 모두 사용하여 [처리조건]에 따라 프로젝트를 개선하시오. (10점)

▶ '운동장' 배경

 프로젝트를 다시 시작하려면 프로그램을 정지하고 프로그램을 시작해야 해서 불편하다. '장면 2'에서 '운동장' 배경을 클릭하면 처음부터 다시 실행하도록 하려고 한다.

[처리조건]	[주요블록]
◎ 오브젝트를 클릭했을 때 　• '색깔' 효과를 '60' 으로 정하기 　• '처음부터 다시 실행합니다.' 를 '말하기' 　• '2' 초 기다리기 　• 처음부터 다시 실행하기	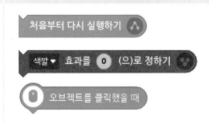

코딩활용능력
[CAT; CODING ABILITY TEST]

◉ 시험과목 : 코딩활용능력 2급 (엔트리)
◉ 시험일자 : 2025. 00. 00.(토)
◉ 응시자 기재사항 및 감독위원 확인

수 검 번 호	CAT - 2500 -	감독위원 확인

응시자 유의사항

1. 응시자는 신분증 또는 동등한 자격을 갖춘 증빙서류를 지참하여야 시험에 응시할 수 있으며, 시험이 종료될 때까지 신분증을 제시하지 못할 경우 해당 시험은 0점 처리됩니다.

2. 시스템(PC 작동 여부, 네트워크 상태 등)의 이상 여부를 반드시 확인하여야 하며, 시스템 이상이 있을 시 감독위원에게 조치를 받으셔야 합니다.

3. 시험 중 시스템 오류 또는 시스템 다운 증상에 대해서는 응시자 본인에게 책임이 있습니다.

4. 시험 중 부주의 또는 고의로 시스템을 파손한 경우는 응시자 부담으로 합니다.

5. 엔트리 버전은 최소 2.0.53 이상을 사용하여야 하며, 답안 전송 프로그램을 통하여 배포 받은 파일에 답안을 작성하시기 바랍니다. 감독위원의 지시에 따라 주시기 바랍니다.

6. 작성한 답안 파일은 답안 전송 프로그램을 통하여 자동으로 전송됩니다.

7. 다음 사항의 경우 실격(0점) 혹은 부정행위 처리됩니다.

   ❶ 답안을 저장하지 않았거나, 저장한 파일이 손상되었을 경우

   ❷ 답안 파일을 다른 보조 기억장치(USB) 혹은 네트워크(메신저, 게시판 등)로 전송할 경우

   ❸ 휴대용 전화기 등 통신장비를 사용할 경우

8. 시험을 완료한 응시자는 답안을 저장하고, 답안 파일이 전송되었는지 확인한 후 감독위원의 지시에 따라 문제지를 제출한 후 퇴실하여야 합니다.

9. 시험시간이 종료된 이후에는 답안의 수정 또는 정정이 불가합니다.

10. 시험시행 후 결과는 홈페이지(www.ihd.or.kr)에서 확인하시기 바랍니다.

    ❶ 문제 및 정답 공개 : 2025. 00. 00.(화)

    ❷ 합격자 발표 : 2025. 00. 00.(금)

한국정보통신진흥협회 KAIT
Korea Association for ICT Promotion

유 의 사 항

- 각 문제의 정답은 다음과 같은 규칙으로 ENT 파일을 저장하시오.
  - 저장 위치 : 바탕 화면 > KAIT > 제출파일 폴더
  - 파일명 : CAT-수검번호-이름.ent
    ※ 예시 : 수검번호가 CAT-2500-000000이고 수험자 이름이 홍길동인 경우
    " **CAT-000000-홍길동.ent** "로 저장할 것
- 수검 시 **지문 순서대로 작업**하며, 오브젝트 및 블록 등을 임의 추가 시 감점 처리됨
- 【문제 2~3】은 블록코딩을 원칙으로 하며, 오브젝트 설정 창에서 설정 시 감점 처리됨

프로젝트 설명

자동차는 화살표 키를 이용해 상하좌우로 이동한다. 자동차의 충전량이 '1'초 간격으로 감소하고, 건전지에 닿으면 충전량이 '100'으로 증가한다. 전기 충격 엔트리봇이 무작위 수 위치로 이동하고, 자동차가 전기 충격 엔트리봇에 닿으면 충전량이 '10'만큼 감소한다. 푯말까지 도착했을 때 충전량이 '0'보다 크면 '성공'이라고 말하고, '0'보다 작으면 '실패'라고 말한다.

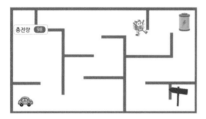 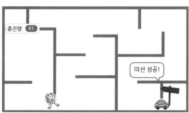 

【문제 1】 다음 [처리조건]에 따라 배경 및 오브젝트를 설정하시오. (10점)

▶ **배경 설정하기**

[처리조건]	[배경]
① '장면 1'에 '미로(4)' 배경을 불러오기 - 이름을 '**미로1**'로 변경하기 ② '장면 2'에 '미로(5)' 배경을 불러오기 - 이름을 '**미로2**'로 변경하기	① 미로(4) 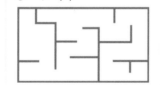 ② 미로(5) 

▶ **오브젝트 설정하기** (오브젝트는 순서대로 불러올 것)

[처리조건]	[오브젝트]
① '자동차' 오브젝트를 불러오기 - 이름 **변경 없음** ② '푯말' 오브젝트를 불러오기 - 이름 **변경 없음** ③ '건전지(2)' 오브젝트를 불러오기 - 이름을 '**건전지**'로 변경하기 ④ '전기 충격 엔트리봇' 오브젝트를 불러오기 - 이름 **변경 없음** ※ 기존의 '엔트리봇' 오브젝트는 삭제한다.	① 자동차 ② 푯말 ③ 건전지(2) ④ 전기 충격 엔트리봇

【문제 2】 [주요블록]을 모두 사용하여 [처리조건]에 따라 오브젝트를 코딩하시오. (80점)

▶ '자동차' 오브젝트

화살표 키를 누르면 '자동차' 오브젝트가 상하좌우로 이동한다. '자동자' 오브젝트가 '미로1' 오브젝트에 닿으면 처음부터 코스를 다시 시작한다. '충전량' 값이 '1'초 간격으로 '1'씩 감소하고, '자동차' 오브젝트가 '전기 충전 엔트리봇' 오브젝트에 닿으면 '충전량' 값이 '10'만큼 감소한다. '충전량' 값이 '0'보다 작으면 다음 장면이 시작된다.

[처리조건]	[주요블록]
① '충전량' 변수 만들기 (변수 기본 값은 '0', '모든 오브젝트에 사용' 설정하기) ② 왼쪽 화살표 키를 눌렀을 때 • x 좌표를 '-5' 만큼 바꾸기 ③ 오른쪽 화살표 키를 눌렀을 때 • x 좌표를 '5' 만큼 바꾸기 ④ 위쪽 화살표 키를 눌렀을 때 • y 좌표를 '5' 만큼 바꾸기 ⑤ 아래쪽 화살표 키를 눌렀을 때 • y 좌표를 '-5' 만큼 바꾸기 ⑥ 시작하기 버튼을 클릭했을 때 • '충전량'을 '100' 으로 정하기 • x: '-200' y: '-100' 위치로 이동하기 • 크기를 '40' 으로 정하기 • '2' 초 기다리기 • 계속 반복하기 　- 만일 '전기 충전 엔트리봇'에 닿았는가? 라면 　　└ '충전량'에 '-10' 만큼 더하기 　　└ '충전량 10 감소'를 '1' 초 동안 '말하기' 　- 만일 '미로1'에 닿았는가? 라면 　　└ '미로에 닿아 다시 시작합니다'를 '2' 초 동안 '말하기' 　　└ 처음부터 다시 실행하기 　- 만일 '충전량' 값 < '□(ㄱ)□' 라면 　　└ '다음' 장면 시작하기 ⑦ 시작하기 버튼을 클릭했을 때 • 계속 반복하기 　- '충전량' 에 '-1' 만큼 더하기 　- '1' 초 기다리기	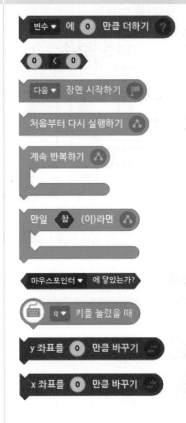

▶ '푯말' 오브젝트

 '푯말' 오브젝트가 '자동차' 오브젝트에 닿으면 '미션 성공!'이라고 말하고 다음 장면이 시작된다.

[처리조건]	[주요블록]

◎ 시작하기 버튼을 클릭했을 때
• 크기를 '50'으로 정하기
• x: '190' y: '-90' 위치로 이동하기
• '색깔' 효과를 '30'으로 정하기
◎ 시작하기 버튼을 클릭했을 때
• '2' 초 기다리기
• 계속 반복하기
  - 만일 '자동차'에 닿았는가? 라면
    └ '미션 성공!'을 '2' 초 동안 '말하기'
    └ '다음' 장면 시작하기

▶ '건전지' 오브젝트

 '건전지' 오브젝트가 '자동차' 오브젝트가 닿으면 '충전 완료!'라고 말하고 '충전량' 값을 '100'으로 정한다.

[처리조건]	[주요블록]

① 시작하기 버튼을 클릭했을 때
• x: '206' y: '98' 위치로 이동하기
• 크기를 '50'으로 정하기
② 시작하기 버튼을 클릭했을 때
• '2' 초 기다리기
• 계속 반복하기
  - 만일 '자동차'에 닿았는가? 라면
    └ '충전 완료!'를 '2' 초 동안 '말하기'
    └ '충전량'을 ' (ㄴ) '으로 정하기
    └ 모양 숨기기

▶ '전기 충격 엔트리봇' 오브젝트

 전기 충격 엔트리봇이 무작위 수 위치로 이동한다.

[처리조건]	[주요블록]

◎ 시작하기 버튼을 클릭했을 때
• 크기를 '50'으로 정하기
• '투명도' 효과를 '50'으로 정하기
• 계속 반복하기
   - x: '-230부터 230 사이의 무작위 수'
     y: '-130부터 130 사이의 무작위 수' 위치로
     이동하기
   - '2' 초 기다리기
	⓪ 초 기다리기 ∧
	
	⓪ 부터 ⓪ 사이의 무작위 수
	
	x: ⓪ y: ⓪ 위치로 이동하기
	
	계속 반복하기 ∧

【문제 3】 [주요블록]을 모두 사용하여 [처리조건]에 따라 프로젝트를 개선하시오. (10점)

▶ '미로2' 배경

 장면이 시작되었을 때 '충전량' 값이 '0' 이상이면 '성공'이라고 말하고, '0' 미만이면 '실패'라고 말한다.

[처리조건]	[주요블록]

◎ 장면이 시작되었을 때
• 변수 '충전량' 숨기기
• 만일 '충전량' 값 >=' (ㄷ) ' 라면
   - '성공'을 '2' 초 동안 '말하기'
• 아니면
   - '실패'를 '2' 초 동안 '말하기'
	⓪ ≥ ⓪
	
	안녕! 을(를) ⓪ 초 동안 말하기 ▼
	
	만일 참 (이)라면 ∧
	
	아니면

코딩활용능력
(CAT; CODING ABILITY TEST)

모의고사 제10회

● 시험과목 : 코딩활용능력 2급 (엔트리)
● 시험일자 : 2025. 00. 00.(토)
● 응시자 기재사항 및 감독위원 확인

수 검 번 호	CAT - 2500 -	감독위원 확인

응시자 유의사항

1. 응시자는 신분증 또는 동등한 자격을 갖춘 증빙서류를 지참하여야 시험에 응시할 수 있으며, 시험이 종료될 때까지 신분증을 제시하지 못할 경우 해당 시험은 0점 처리됩니다.

2. 시스템(PC 작동 여부, 네트워크 상태 등)의 이상 여부를 반드시 확인하여야 하며, 시스템 이상이 있을 시 감독위원에게 조치를 받으셔야 합니다.

3. 시험 중 시스템 오류 또는 시스템 다운 증상에 대해서는 응시자 본인에게 책임이 있습니다.

4. 시험 중 부주의 또는 고의로 시스템을 파손한 경우는 응시자 부담으로 합니다.

5. **엔트리 버전은 최소 2.0.53 이상을 사용**하여야 하며, 답안 전송 프로그램을 통하여 배포 받은 파일에 답안을 작성하시기 바랍니다. 감독위원의 지시에 따라 주시기 바랍니다.

6. 작성한 답안 파일은 답안 전송 프로그램을 통하여 자동으로 전송됩니다.

7. 다음 사항의 경우 실격(0점) 혹은 부정행위 처리됩니다.
   ❶ 답안을 저장하지 않거나, 저장한 파일이 손상되었을 경우
   ❷ 답안 파일을 다른 보조 기억장치(USB) 혹은 네트워크(메신저, 게시판 등)로 전송할 경우
   ❸ 휴대용 전화기 등 통신장비를 사용할 경우

8. 시험을 완료한 응시자는 답안을 저장하고, 답안 파일이 전송되었는지 확인한 후 감독위원의 지시에 따라 문제지를 제출한 후 퇴실하여야 합니다.

9. 시험시간이 종료된 이후에는 답안의 수정 또는 정정이 불가합니다.

10. 시험시행 후 결과는 홈페이지(www.ihd.or.kr)에서 확인하시기 바랍니다.
    ❶ 문제 및 정답 공개 : 2025. 00. 00.(화)
    ❷ 합격자 발표 : 2025. 00. 00.(금)

Korea Association for ICT Promotion
한국정보통신진흥협회 KAIT

유 의 사 항

- 각 문제의 정답은 다음과 같은 규칙으로 ENT 파일을 저장하시오.
  - 저장 위치 : 바탕 화면 > KAIT > 제출파일 폴더
  - 파일명 : CAT-수검번호-이름.ent
    ※ 예시 : 수검번호가 CAT-2500-000000이고 수험자 이름이 홍길동인 경우
    " **CAT-000000-홍길동.ent** "로 저장할 것
- 수검 시 **지문 순서대로 작업**하며, 오브젝트 및 블록 등을 임의 추가 시 감점 처리됨
- **【문제 2~3】**은 블록코딩을 원칙으로 하며, 오브젝트 설정 창에서 설정 시 감점 처리됨

프로젝트 설명

스페이스 키를 누르면 룰렛 화살표가 무작위 수 각도로 회전한다. 룰렛 화살표가 회전을 완료한 후 곰인형에 닿으면 '공인형 당첨!'이라고 말하고 당첨 목록에 추가한다. 쿠키에 닿으면 '쿠키 당첨!'이라고 말하고 당첨 목록에 추가한다. 3번의 게임을 완료하면 당첨 목록을 말해준다.

【문제 1】 다음 [처리조건]에 따라 배경 및 오브젝트를 설정하시오. (10점)

▶ 배경 설정하기

[처리조건]	[배경]	

① '장면 1'에 '초록 방' 배경을 불러오기
  - 이름을 '**룰렛 게임방**' 으로 변경하기
② '장면 2'에 '종이 접기 프레임' 배경을 불러오기
  - 이름을 '**게임 결과**'로 변경하기
	① 초록 방	② 종이 접기 프레임

▶ 오브젝트 설정하기 (오브젝트는 순서대로 불러올 것)

[처리조건]	[오브젝트]	

① '룰렛판' 오브젝트를 불러오기
  - 이름 **변경 없음**
② '룰렛 화살표' 오브젝트를 불러오기
  - 이름 **변경 없음**
③ '곰인형' 오브젝트를 불러오기
  - 이름 **변경 없음**
④ '쿠키' 오브젝트를 불러오기
  - 이름 **변경 없음**
※ 기존의 '엔트리봇' 오브젝트는 삭제한다.
	① 룰렛판

		② 룰렛 화살표

	③ 곰인형	④ 쿠키 

【문제 2】 [주요블록]을 모두 사용하여 [처리조건]에 따라 오브젝트를 코딩하시오. (80점)

▶ '룰렛판' 오브젝트

'룰렛판' 오브젝트가 모양을 바꾸고 특정 위치로 이동한다.

[처리조건]	[주요블록]
◎ 시작하기 버튼을 클릭했을 때 • '룰렛판_4' 모양으로 바꾸기 • 크기를 '250' 으로 정하기	다음▼ 모양으로 바꾸기 크기를 0 (으)로 정하기

▶ '룰렛 화살표' 오브젝트

스페이스 키를 누르면 '룰렛 화살표' 오브젝트가 무작위 수 각도만큼 회전하고 '당첨 확인' 신호를 보낸다. 스페이스 키를 누를 때마다 '룰렛 횟수' 값을 '1'만큼 감소한다. '룰렛 횟수' 값이 '0'이 되면 '룰렛 게임이 끝났습니다.'라고 말하고 다음 장면이 시작된다.

[처리조건]	[주요블록]
① '룰렛 횟수' 변수 만들기 　(변수 기본 값은 '0', '모든 오브젝트에 사용' 설정하기) ② 시작하기 버튼을 클릭했을 때 　• 리스트 '당첨 목록' 숨기기 　• 변수 '항목 번호' 숨기기 　• '룰렛 횟수'를 '3' 으로 정하기 　• 크기를 '70' 으로 정하기 　• '스페이스 키를 눌러 룰렛을 돌려보세요! 　　3번의 기회가 있어요.'를 '3' 초 동안 '말하기' 　• 계속 반복하기 　　- 만일 '룰렛 횟수' 값 = '　(ㄷ)　' 이라면 　　　└ '룰렛 게임이 끝났습니다.'를 '3' 초 동안 　　　　'말하기' 　　　└ '다음' 장면 시작하기 ③ '스페이스' 키를 눌렀을 때 　• 말풍선 지우기 　• '0.5' 초 동안 방향을 '350°' 만큼 회전하기 　• '0.5' 초 동안 방향을 '90 부터 360 사이의 무작위 수' 　　만큼 회전하기 　• '당첨 확인' 신호 보내기 　• '룰렛 횟수' 에 '-1' 만큼 더하기	

▶ '곰인형' 오브젝트

'당첨 확인' 신호를 받았을 때 '룰렛 화살표' 오브젝트가 '곰인형' 오브젝트에 닿았다면 크기가 '90' 으로 커진다. '당첨 목록'에 '곰인형' 항목을 추가하고, '곰인형 당첨!' 이라고 말한다.

[처리조건]	[주요블록]
① 시작하기 버튼을 클릭했을 때 　• 크기를 '70' 으로 정하기 　• x: '-60' y: '40' 위치로 이동하기 ② '당첨 확인' 신호를 받았을 때 　• 만일 '룰렛 화살표' 에 닿았는가? 라면 　　- x: '0' y: '0' 위치로 이동하기 　　- 크기를 '90' 으로 정하기 　　- '　(ㄴ)　' 항목을 '당첨 목록' 에 추가하기 　　- '곰인형 당첨!' 을 '1' 초 동안 '말하기' 　• 크기를 '70' 으로 정하기 　• x: '-60' y: '40' 위치로 이동하기	

▶ '쿠키' 오브젝트

'당첨 확인' 신호를 받았을 때 '룰렛 화살표' 오브젝트가 '쿠키' 오브젝트에 닿았다면 크기가 '100' 으로 커진다. 그리고 '당첨 목록'에 '쿠키' 항목을 추가하고, '쿠키 당첨!' 이라고 말한다.

[처리조건]	[주요블록]
① '당첨 목록' 리스트 만들기 　(리스트 항목 수는 '0', '모든 오브젝트에 사용' 설정하기) ② '당첨 확인' 신호 만들기 ③ 시작하기 버튼을 클릭했을 때 　• 크기를 '70'으로 정하기 　• x: '70', y: '-42' 위치로 이동하기 ④ '당첨 확인' 신호를 받았을 때 　• 만일 '룰렛 화살표'에 닿았는가? 라면 　　- x: '0', y: '0' 위치로 이동하기 　　- 크기를 '100'으로 정하기 　　- '　(ㄱ)　' 항목을 '당첨 목록'에 추가하기 　　- '쿠키 당첨!' 을 '1' 초 동안 '말하기' 　• 크기를 '70'으로 정하기 　• x: '70', y: '-42' 위치로 이동하기	

▶ '게임 결과' 배경

장면이 시작되면 당첨 목록을 말해준다.

[처리조건]	[주요블록]

① '항목 번호' 변수 만들기
  (변수 기본 값은 '0', '모든 오브젝트에 사용' 설정하기)
② 장면이 시작되었을 때
  • '항목 번호 '를 '1' 로 정하기
  • 변수 '항목 번호' 숨기기
  • 변수 '룰렛 횟수' 숨기기
  • 리스트 '당첨 목록' 숨기기
  • '오늘 당첨된 상품은' 을 '2' 초 동안 '말하기'
  • '당첨 목록' 항목 수 번 반복하기
    - '당첨 목록' 의 '항목 번호' 값 번째 항목을 '2' 초
      동안 '말하기'
    - '항목 번호 '에 '1 '만큼 더하기
  • '입니다.' 를 '2' 초 동안 '말하기'

【문제 3】 [주요블록]을 모두 사용하여 [처리조건]에 따라 프로젝트를 개선하시오. (10점)

▶ '게임 결과' 배경

프로젝트를 다시 시작하려면 프로그램을 정지하고 프로그램을 시작해야 해서 불편하다. '장면 2'에서 '게임 결과' 배경을 클릭하면 처음부터 다시 실행하도록 하려고 한다.

[처리조건]	[주요블록]

◎ 오브젝트를 클릭했을 때
  • '색깔' 효과를 '60' 으로 정하기
  • '처음부터 다시 실행합니다.'를 '말하기'
  • '2' 초 기다리기
  • 처음부터 다시 실행하기

MEMO